THE
FIFTH RISK

THE FIFTH RISK

MICHAEL LEWIS

다섯 번째 위험

마이클 루이스

권은하 옮김

비즈니스맵

톰 올프를 기리며

도널드 J. 트럼프 ✅
@realDonaldTrump(트럼프의 개인 트위터 계정, 현재 계정 정지 상태)

행정부 내각과 기타 주요 직책의 후보 인선은
매우 체계적인 과정으로 이루어집니다.
최종 후보자가 누군지 아는 건 바로 저뿐이죠!

2016년 11월 15일 9:55 오후

25,572 리트윗   **112,055** 마음에 들어요

CONTENTS

프 롤 로 그

인수위에서 길을 잃다

0 1 1

I. 꼬리위험

0 3 0

II. 인적 리스크

0 9 0

III. 모든 대통령의 데이터

1 4 6

감사의 말

2 6 2

인수위에서 길을 잃다

모든 것은 크리스 크리스티Chris Christie가 〈뉴욕타임스〉에 실린 한 기사를 보면서부터 시작되었다. 2016년 2월, 이 뉴저지주 주지사는 대선 레이스에서 중도 하차했고, 지지 의사를 밝히며 도널드 트럼프Donald Trump 후보에게 힘을 보탰다. 크리스티가 그 기사를 접한 건 4월 말이었다. 당시 여전히 대선 주자로 뛰고 있던 후보—트럼프, 존 케이식John Kasich, 테드 크루즈Ted Cruz, 힐러리 클린턴Hillary Clinton, 버니 샌더스Bernie Sanders—의 보좌관들과 오바마 행정부의 만남을 보도하는 기사였다. 미국 대통령이 되고자 하는 사람이라면 누구든 연방정부 운영에 대해 구상해야 한다. 하지만 크리스티의 시각에서 볼 때, 트럼프가 그 만남에 참석시킨 사람은 터무니없을 정도로 자격 미달인 자였다. 크리스티는 트럼프 선거캠프의 책임자인 코리 루언다우스키Corey Lewandowski에게 전화를 걸어 이렇게 중요한 미팅에 왜 좀 더 경력이 많고 내용을 잘 아는 사람을 보내지 않았느냐고 물었다. "우리에게는 그런 사람이 없소." 루언다우스키가 대꾸했다.

크리스티는 트럼프 후보의 대통령직 인수위원장을 자청했다. 그는 친구들에게 "이것이 대통령에 당선되는 것 다음으로 좋은 것"이라고 말했다. "내 손으로 직접 백악관의 정책을 기획할 수 있다고." 그는 트럼프를 만나러 갔다. 하지만 트럼프는 인수위원회(이하 인수위)를 꾸리고 싶지 않다고 말했다. 대통령이 되기도 전에 **대통령직 인수를 위한** 계획이 도대체 왜 필요한 거지? "**법으로 요구하고 있기 때문이지요.**" 크리스티가 대답했다. 트럼프는 인수위에 드는 비용이 어떻게 충당되는지 물었다. 이에 대해 크리스티는 후보자 개인이 직접 부담하거나, 아니면 선거 자금에서 사용할 수 있다고 설명했다. 트럼프는 개인 돈을 쓰고 싶어 하지 않았다. 그렇다고 선거 자금에서 그 비용을 충당하고 싶어 하지도 않았지만, 마지못해 자신의 인수위를 위한 별도의 기금을 마련하라고 크리스티에게 지시했다. 그러면서 "너무 많이 걷지는 말라고!" 하고 토를 달았다.

이에 크리스티는 혹시라도 트럼프가 미국 대통령으로 당선될 것에 대비해 준비를 시작했다. 트럼프 선거캠프의 사람들 모두가 크리스티의 등장을 좋아한 것은 아니었다. 6월, 크리스티는 트럼프 선거캠프의 선거대책본부장 폴 매너포트Paul Manafort로부터 한 통의 전화를 받았다. "당신 때문에 그 아이는 사색이 되었소." 매너포트가 전했다. 트럼프의 사위인 재러드 쿠슈너

Jared Kushner 이야기였다. 지난 2005년 뉴저지주 연방검사로 일하고 있을 때, 크리스티는 재러드의 아버지 찰스 쿠슈너Charles Kushner를 세금 포탈 혐의로 고발했던 적이 있었다. 조사 결과, 찰스 쿠슈너는 당시 매춘부를 고용해, 자신의 뒤에서 크리스티와 거래하고 있는 것은 아닌지 의심쩍었던 처남을 유혹하라고 시키고, 그들이 성관계하는 장면을 녹화해 여동생에게 보낸 사실이 드러났다. 이 일로 쿠슈너 부자는 크리스티에게 깊은 원한을 품고 있었고, 크리스티 역시 재러드가 여전히 그에게 안 좋은 감정을 가지고 있다는 사실을 느끼고 있었다. 반면, 크리스티가 그래도 친구라고 여기고 있었던 트럼프는 이에 전혀 개의치 않았다. 자신과 멜라니아Melania의 결혼식뿐 아니라, 딸 이방카Ivanka와 재러드 쿠슈너의 결혼식에도 크리스티를 초대했다. **"정말 어색한 장면이 연출될 겁니다!"** 크리스티가 난색을 표하며 말했다. **"결혼식 비용은 내가 부담하는 거요. 그리고 나는 그따위 일에는 신경 쓰지 않는다고."**라며 트럼프가 딱 잘라 말했다.

크리스티는 재러드가 단지 돈이 많다는 이유로 스스로를 똑똑하다고 생각하는 부류의 사람이라고 보았다. 여전히 재러드는 뭔가 교활한 측면이 있었다. 얼마 안 가 크리스티는 트럼프 행정부를 돕기 위해 자신이 준비하는 모든 내용을 '집행 위원회'에 보고해야만 하는 처지에 놓였다. 그 집행 위원회는 재러드와 이방카 트럼프, 도널드 트럼프 주니어Donald Trump Jr., 에릭 트럼프Eric Trump, 폴 매너포트, 스티브 므누신Steve Mnuchin,

그리고 제프 세션스Jeff Sessions로 구성되었다. 이 모든 상황을 불편하게 여겼던 세션스는 "나는 매주 일요일 목사를 위해 헌금 바구니에 쌓인 현금을 세고 있는 교회 장로가 된 기분이었다."라고 회상했다. 2016년 7월, 트럼프가 공화당 후보로 공식 지명되면서 세션스의 입장은 더욱 난처해졌다. 인수위는 이제 워싱턴 D.C. 시내에 있는 사무실로 자리를 옮기고, 연방정부를 구성할 5백여 주요 직책의 후보자를 찾아 나섰다. 정부 내 모든 각료직뿐 아니라, 트럼프 선거캠프의 어느 누구도 그 존재 여부를 알지 못했을 자리를 채울 만한 사람들이 필요했다. 차기 국무부와 교통부 장관 후보자도 찾기가 어려운데, 교육재단인 배리골드워터장학재단Barry Goldwater Scholarship and Excellence in Education Foundation 이사회에 누구를 앉힐지에 대해서는 신경 쓸 겨를조차 없었다.

8월이 되자, 17번가와 펜실베이니아 애비뉴 모퉁이에 있는 트럼프 인수위는 130명의 정규직 직원과 수백 명의 파트타임 직원들이 일하는, 꽤 규모 있는 일터가 되었다. 인수위는 선거 직후 바로 다음 날부터 연방기관들의 업무를 보고받을 수 있도록 500개 정무관 자리를 비롯해 정부 내 다양한 직책을 차지할 만한 후보자 명단을 작성했다. 그들은 전국을 순회하며 사람들과 이야기를 나누면서 이 명단에 후보자들의 이름을 올렸다. 정부에서 일했던 공화당원들과 트럼프의 가장 가까운 보좌관들, 지명 대상이 되는 정무관 자리를 최근까지 지켰던 사람들이 바로 그 후보자들이었다. 그 후 인사 검증 절차를 밟으며, 여기서 눈에 띄는 결함이라든가 당혹스러운 비밀이 있거나, 이해관계가 상충될 만한 후보들을 걸러내었다. 한 주가 끝날 때마다 크리스티는 재러드와 도널드, 에릭, 그리고 그 외 사람들에게 각 자리에 적합한 후보자 명단을 건넸다. "그들은 모든 것을 조사했습니다." 트럼프 인수위의 한 고위 관계자가 말했다. "'이 사람은 도대체 누군가?', '뭘 하던 사람이지?' 이렇게 물으며, 그들은 오직 한 사람, 폴 매너포트의 비서 한 사람만을 거부했습니다."

트럼프가 이 문제에 처음으로 관심을 보인 것은 어느 날 신문에서 이와 관련된 기사를 접했을 때였다. 크리스티 뉴저지주 주지사가 이끄는 트럼프 인수위가 직원들에게 급여를 지급하기 위해 수백만 달러를 모금했다는 기사였다. 트럼프 타워 26층에 있는 자신의 집무실에서 기사를 본 트럼프는 즉시 전화를 걸어 그보다 몇 층 더 위에 있는 자신의 자택으로 스티브 배넌 Steve Bannon 선거운동본부의 대표를 호출했다. 엘리베이터에서 내린 배넌은 소파에 앉아서 트럼프에게 질책을 당하고 있던 뉴저지주 주지사를 발견했다. 트럼프는 격한 목소리로 이렇게 소리쳤다. **"당신이 내 돈을 훔치고 있어! 내 돈을 훔치다니! 이게 도대체 무슨 일이야?"** 배넌을 본 트럼프는 **그에게** 몸을 돌려 **"도대체 왜 이 자가 내 돈을 훔쳐 가도록 놔둔 거야!"**라며 소리를 질러댔다. 크리스티와 배넌은 트럼프에게 연방법에 대해 설명했다. 법에 따르면, 선거를 치르기 몇 달 전부터 양 정당의 후보자는 행정부를 꾸릴 준비를 해야 한다. 정부는 그들에게 워싱턴 시내의 사무실 공간과 컴퓨터, 그리고 심지어 쓰레기통까지도 제공하지만, 직원들에 대한 급여는 각 후보자 선거캠프에서 부담해야 한다. 이에 트럼프는 **"법 같은 소리 하고 있네! 난 법 따위는 신경 안 써. 나에게 중요한 건 돈이라고!"**라며 소리쳤다. 크리스티와 배넌은 트럼프에게 그의 돈을 전혀 쓰지 않고 인수위를 유지할 수는 없다고 설명하느라 진땀을 뺐다.

"해체해 버려." 트럼프가 소리쳤다. 그깟 인수위, 당장 해체해 버리라고!

여기에 크리스티와 배넌의 시각차가 존재했다. 둘 다 인수위를 해체하는 것이 좋은 생각이라고 여기지 않았지만, 그 이유는 달랐다. 크리스티는 트럼프가 공식적인 인수위 없이 정부를 잘 운영할 가능성은 거의 없다고 생각했다. 반면, 배넌은 트럼프가 연방정부를 운영하는 데 일말의 관심이라도 있을지 어떨지는 확신할 수 없지만, 그 준비를 전혀 하지 않는 것처럼 비춰진다면 모양새가 나쁠 것이라고 생각했다. 크리스티의 말을 전혀 귀담아듣지 않는 트럼프를 보면서 배넌은 이렇게 말했다. "만약 우리가 인수위를 해체한다면, **모닝 조**(Morning Joe, MSNBC에서 방송하는 주간 아침 뉴스 토크쇼 — 역자주)가 과연 뭐라고 하겠습니까?" 배넌은 트럼프 스스로가 대통령이 될 가능성이 전혀 없다고 믿었기 때문에 인수위를 해체했다고 **모닝 조**가 떠들고 다닐 것이라 생각했다.

트럼프가 고함을 멈추었다. 처음으로 귀를 기울이는 듯 보였다.

"그건 말이 되는군." 트럼프가 말했다.

이로써 상황은 종료되었고, 크리스티는 다시 트럼프 차기 행정부를 꾸릴 준비를 하러 돌아갔다. 가능하면 뉴스 밖에 머물러 있으려고 애썼지만, 크리스티에게 그것은 어려운 일이었다. 이따금 신문에서 크리스티의 기금 모금에 관한 기사를 접할 때마다 트럼프는 불같이 화를 내었다. 트럼프는 선거운동에서 기부받은 돈을 사실상 자신의 것이라고 생각했다. 그는 사전 숙고와 계획을 무의미하다고 여겼다. 한번은 트럼프가 크리스티를 향해 이렇게 말했다. "크리스티, 너와 나는 너무 똑똑해서 승리한 뒤 2시간이면, 우리가 직접 인수인계를 다 마칠 수 있을 거야."

———

미국 역사에서 그 순간, 키나 몸무게, 나이가 아닌, 연방정부에 관한 관심을 기준으로 약 3억 5천만 명이나 되는 미국의 전체 인구를 한 줄로 세울 수 있었다면, 트럼프는 그 줄 맨 끝 어디쯤에 서 있고, 맥스 스티어Max Stier는 다른 쪽 끝에 서 있었을 것이다.

2016년 가을, 스티어는 실제 미국 정부가 어떻게 일하는지 가장 잘 이해하는 미국인 중 한 명이었다. 그 나이와 그 신분의 미국인치고는 희한하게 스티어는 어렸을 때부터 공공 서비스에 대한 로망이 있었다. 1980년대 중반 예일대에서 공부하고, 1990년대 초 스탠퍼드 로스쿨을 다니면서 공부에만 매진한 그는 돈을 비롯해 아무 것에도 관심을 보이지 않았다. 그는 미국 정부가 단일 기관으로서는 전 세계를 통틀어 역사상 가장 중요하고 흥미로운 곳이라고 여겼고, 이를 위해 일하는 것이 그 무엇보다 중요하다고 생각했다. 로스쿨을 졸업한 지 몇 년이 지난 후, 스티어는 사무엘 헤이만Samuel Heyman이라는 금융인을 만났는데, 그는 현시대에 정부가 무엇을 하는지 무관심한 젊은이들이 너무 많다는 것에 대해 스티어만큼이나 걱정하는 인물이었다. 스티어는 이러한 문제를 다루는 조직을 만들 수 있도록 2천 5백만 달러를 마련해 보라고 헤이만을 설득했다.

스티어는 미국 정부를 개선해, 재능 있는 젊은이들이 일하고 싶어 하는 직장으로 만들 필요가 있다는 사실을 곧 깨달았다. 미국 정부를 **바로잡아야 할** 필요가 있었다. 스티어가 명명한 이른바 '공공서비스파트너십Partnership for Public Service'은 그 이름만큼이나 지루한 조직은 아니다. 이 조직은 공무원을 대상으로 기업 경영자로서의 교육을 진행하고 연방정부 전체에 걸쳐 새로운 관계를 중개하는 한편, 경영 측면에서 바라본 정부 운영의 성공과 실패 사례를 조사하고, 정부의 본질적이며 구조적인 문제를 해결하기 위해 의회를 설득한다. 트럼프가 대통령에 취임하기 위해서 반드시 거쳐야 하는 인수인계 작업을 법적으로 명시한, 바로 그 법안을 만들도록 의회를 설득한 사람이 맥스 스티어였다.

어쨌든, 재능 있는 사람이 미국 정부를 위해 일하도록 하려면 뭔가 보상이 있어야 했다. 하지만 공무원들의 보수는 민간 부문에 비해 높지 않았다. 그리고 공무원들이 존재를 알릴 수 있는 유일한 기회는 그들이 실수를 하거나 일을 망쳤을 때뿐으로, 이러한 경우에 운이 나쁘면 그들은 나쁜 의미로서의 유명세를 타기도 했다. 2002년, 스티어는 공무원들이 슈트에 검은 넥타이를 매고 참석하는, 오스카상과 같은 연말 시상식을 만들어 탁월한 성과를 낸 이들을 축하하기 위한 자리를 마련했다. 자신의 최초 후원자를 기리는 의미에서 스티어는 이들을 '새미스Sammies'라고 불렀는데, 곧 많은 유명 인사와 언론의 관심을 끌게 되었다. 그리고 매년 그 업적들이 쌓이면서 더욱 많은 관심을 모았다. 에너지부에서 일하는 한 공무원(프레이저 록하트Frazer Lockhart)은 당초 계획보다 60년이나 일찍, 그리고 당초 예산보다 300억 달러 더 적은 비용으로 콜로라도주 로키 프래츠Rocky Flats에 있는 핵무기 생산 시설을 제염하는 데 성공했다. 연방거래위원회Federal Trade Commission에서 일하는 한 공무원(에일린 해링턴Eileen Harrington)은 수신 거부 목록Do Not Call Registry을 구축함으로써 미국 전체적으로 수조 건에 달하는 광고성 스팸 전화를 없애는 성과를 낳았다. 국립보건원National Institutes of

Health 소속의 한 연구자(스티븐 로젠버그Steven Rosenberg)는 면역요법을 개발해 이전에는 치료가 불가능했던 암을 정복했다. 이처럼 미국 정부 내에는 수백 가지의 의미 있는 성공담들이 존재했다. 단지 세상에 알려지지 않았을 뿐이었다.

스티어는 놀라울 정도로 많은 수의 성공담을 알고 있었다. 이를 토대로 스티어는 어떤 한 패턴을 발견할 수 있었는데, 놀랍게도 이러한 성공담의 대다수 주인공은 과거 연방정부가 제대로 기능하지 못했던 시대를 경험한 1세대 미국인이라는 사실이었다. 정부의 존재 없이 살아온 사람들은 정부가 가진 의미를 찾을 가능성이 더 크다. 반면, 무너진 정부를 경험해 본 적이 없는 사람들은 그러한 상황을 잘 상상하지 못한다. 정부의 존재를 그저 당연하게 여기거나 혹은 그들을 전혀 통제할 수 없는 위험한 세력으로 여기는 사람들에게 민주주의 사회의 핵심인 정부의 가치를 설명하는 것이, 스티어에게는 아마도 가장 큰 도전이었을 것이다. 그는 퇴역 군인을 위한 의료 서비스나 항공 교통관제 및 고속 도로 관리, 그리고 식품 안전 지침에 이르기까지 민간 부문이 제공할 수 없거나 혹은 제공하지 않음으로써 생기는 공백을 연방정부가 메운다고 설명하곤 했다. 연방정부가 제공하는 기본적 복지 혜택이 없다면 수백만의 미국 어린이들은 그들이 겪었던 것보다 더 어려운 삶을 살게 될 것이라고 예를 들면서, 연방정부가 기회의 엔진이라고 설명했다. 이러한 시도가 모두 실패하면, 스티어는 연방정부가 그들의 목숨을 앗아 갈 수 있는 것들로부터 그들을 보호해 주고 있다고 설명했다. "정부의 기본적인 역할은 우리를 안전하게 지키는 것"이라고 스티어는 말한다.

미국 정부에는 보통 2백만 명이 고용되어 있는데, 그중 70%는 어떤 형식으로든 국가안보 분야에 종사한다. 정부는 개인이나 기업이 관리할 수 없는 위험 포트폴리오를 관리한다. 금융 위기나 허리케인, 혹은 테러 공격과 같은 위험은 누구나 쉽게 상상할 수 있다. 하지만 대부분의 위험은 그렇지 못한데, 예를 들어, 어떤 처방약은 너무 중독성이 강하고 접근성이 좋아서 베트남전쟁이 절정에 치달았을 때 전사한 미국인들보다 더 많은 미국인들을 매년 사망에 이르게 한다. 사이버 공격으로 전체 국토 절반 가까이에서 전기가 끊긴다거나 공중 바이러스가 수백만 명을 감염시킬 정도로 확산된다거나 경제적 불평등이 폭력 사태를 촉발할 정도로 심화되는 등, 정부가 직면하고 있는 많은 위험들은 대개 비현실적이어서 많은 사람들의 마음에는 그다지 와닿지 않는다. 우리가 볼 수 없는 가장 큰 위험은 더 나은 정부에서라면 일어났을 일들이 **아직 일어나지 않았다**는 사실일 것이다. 예를 들어, 암 치료법의 개발과 같은 것 말이다.

대통령직의 인수인계가 이루어지는 상황을 살펴보자. 세계 역사상 단일 기관으로서는 가장 많은 위험을 다뤄야 하는, 그 위험 포트폴리오를 넘겨받는 과정에서 인수인계가 제대로 이루어지지 않는다면, 나쁜 일이 발생할 가능성은 더 높아지고 좋은 일이 일어날 가능성은 더 낮아질 것이다. 이처럼 마구잡이식으로 이루어지는 대통령직의 인수인계는, 스티어가 연방정부의 조직을 제대로 만들기 위한 목적으로 공공서비스파트너십을 설립하기 전에도 스티어를 미치게 만들었다. "우리가 사는 이 세상을 따라가지 못하는 무질서한 정부가 들어서는 이유는 대개 대통령직의 인수인계가 제대로 이루어지지 않았기 때문"이라고 스티어는 말했다. "실패한 인수인계가 실패한 정권을 창출한다는 사실을 대부분의 사람들은 이해하지 못합니다." 새로 정부를 운영하게 된 사람들은 기껏해야 제한적인 정보를 제공받을 뿐이고, 그들이 업무를 맡기 전에 일어난 일에 대해서는 대개 의구심부터 가지기 마련이다. 하지만 그들이 자신들의 업무를 완전히 파악할 때쯤이면 곧 정부를 떠나야 할 때가 된다. **도돌이표처럼 이러한 일이 계속 반복되죠.** "스티어는 말했다. "새로운 사람들은 업무를 맡게 되면, 이전 정권과 공무원들이 게으르거나 멍청하다고 생각합니다. 그 후, 그들이 맡게 된 일에 대해 비로소 알게 되죠. 그리고 마침내 그들이 떠날 때가 되면, '우리가 하는 일은 정말 어렵습니다. 하지만 이들은 내가 함께 일한 사람들 중 최고의 사람들입니다.'라고 말합니다. 이러한 일이 반복해서 계속 일어납니다."

미국 정부 내 대부분의 큰 문제들은 실질적으로는 경영에 관한 것이지, 정치 이념과는 크게 상관이 없다. 하나의 중요한 예로 새로운 사람을 고용하는 것이 얼마나 어려운가 하는 것을 들

수 있다. 몇몇 부처에서는 60명이 직을 거절하고 나서야 비로소 적임자를 찾을 수 있었다. 평범하지만 중요한 이 문제를 해결하기 위해 부시 행정부는 많은 노력을 기울였고, 꽤 큰 성과를 거둘 수 있었다. 하지만 오바마 행정부는 이러한 전임 행정부의 성과를 활용하는 대신, 다시 처음으로 돌아가 이 문제에 접근했다.

맥스 스티어의 공공서비스파트너십은 대통령직의 인수인계와 관련해 세 개의 법안이 의회에서 통과되도록 도왔다. 2010년, 의회는 여름 전당대회 직후 두 주요 정당의 후보자들에게 사무실과 기타 자원을 무료로 제공했다. "각 정당에서 대통령직 인수인계를 제대로 준비하지 않는 이유는 정치적으로 대가를 치러야 할 것이라 생각하기 때문"이라며, 맥스는 "그 누구도 대통령직을 탐내는 것처럼 비춰지기를 원하지 않습니다."라고 말했다. "양당의 후보자들이 준비해야 할 사항을 미리 준비할 수 있도록 돕는 데 그 취지가 있습니다." 2011-2012년 회기 의회는 대통령이 보다 신속하게 사람들을 적재적소에 투입할 수 있도록 상원 인준을 필요로 하는 대통령 지명직의 수를 약 1,400명에서 1,200명으로 줄였다. 천 명이 넘기 때문에 맥스의 시각에서 보면 여전히 많은 수이기는 했지만, 적어도 이것이 시작이 될 수는 있을 것이다. 마지막으로 2015년 의회는 그 후임자에게 정부를 이양함에 있어 여러 다양한 방법으로 돕도록 현직 대통령에게 의무를 부과했다. 이미 시험을 치른 사람이 다음번 시험을 치러야 하는 사람을 돕도록, 이제는 법에서 요구하고 있다.

2016년 대선이 다가왔을 때, 맥스는 현 정권에서 차기 정권으로 미국의 행정 권력이 순조롭게 잘 이양될 거라며 과거 그 어느 때보다 희망에 부풀어 있었다. 그는 클린턴과 트럼프 양 진영과 함께 일했다. "그들과 일하는 것은 만족스러웠어요." 맥스가 말했다. 그는 어떤 면에 있어서는 버락 오바마에게 실망했다. 오바마 행정부가 연방정부 공무원들과는 거의 교류하지 않았기 때문이다. 더구나 몇몇 부처에는 실력이 형편없는 관리자들을 책임자로 앉혀 놓았다. 의료보험 가입을 위한 통합 웹사이트인 'HealthCare.gov'의 대실패는 결코 우연이 아니라, 잘못된 관리의 부산물이었다. 그러나 이 지구상에서 가장 강력한 미국 정부의 행정 업무를 최고의 코스 요리로 만들어 인계해 주었다는 점에서, 차기 정부로의 이양을 위한 오바마 정부의 준비는 대단히 훌륭했다. 여기서 무엇이 잘못될 수 있었을까?

————

마침내 트럼프가 당선되었을 때, 크리스 크리스티는 도널드 트럼프와 소파 위에 나란히 앉아 있었다. 새벽 1시 35분. 하지만 그것이 방 안의 공기가 유독 이상하게 느껴진 유일한 이유는 아니었다. 마이크 펜스Mike Pence가 그의 아내 카렌Karen에게

다가가 키스를 하려 하자, 그녀는 얼굴을 돌리고 그를 피했다. "마이크, 당신이 원하는 것을 얻었잖아요. 이제 나를 내버려 둬요." 그녀가 말했다. 그녀는 트럼프와 인사조차 나누지 않았다. 트럼프 역시 허세를 부리다 들통난 남자처럼 아무 말 없이 TV만 응시하고 있었다. 트럼프 선거캠프에서는 당선 소감을 준비하는 수고조차 하지 않았다. 대통령직을 인수인계하는 데 많은 준비가 필요하다는 사실을 왜 트럼프는 간과한 것일까? 이를 이해하는 것은 별로 어렵지 않다. 보지도 않을 시험 준비를 도대체 왜 하겠는가? 아무리 애써 봤자 C학점밖에 받을 수 없다는 사실이 만천하에 드러날 수도 있는데, 그 위험을 도대체 왜 무릅쓰겠는가? 이것은 미국 대통령이 되는 진정한 과정의 일부였다. 그리고 이제 막 대통령으로 선출된 당선자는 이제야 이 엄청난 사실을 깨닫고 얼굴이 새파랗게 질린 것이라고 크리스티는 생각했다.

TV에서 트럼프가 펜실베이니아주에서 승리했다고 발표한지 얼마 되지 않아 재러드 쿠슈너는 크리스티를 붙들고 "당장 내일 아침 인수인계 회의를 합시다!" 하고 소리쳤다. 그리고 크리스티는 그 전에 트럼프 대통령이 외국 정상들과의 전화 통화 절차를 확실히 인지하도록 만들어야 했다. 인수위는 트럼프 대통령에게 외국 정상들과의 전화 통화 절차를 브리핑하기 위한 자료를 준비했다. 처음 걸려 온 몇 통의 전화는 대처하기 쉬웠다. 미국 대통령 당선자의 첫 번째 통화는 항상 영국 수상과 이루어졌다. 그러나 이후 걸려온 24통의 전화는 몇몇 클렙토크라트(kleptocrat, 도둑 정치인)와의 통화였고, 그들은 미국의 민감한 보안 문제를 슬쩍 찔러보고 있었다. 이집트 대통령은 트럼프 타워의 교환대에 전화를 걸어 어떻게든 트럼프와 바로 통화하고 싶다고 우겼다. 그 전화 통화 현장에 있었던 한 보좌관은 "트럼프와 그의 통화는 마치 뭐랄까… **'난 뱅글스The Bangles를 좋아해요! 그 밴드가 부른 〈이집트인처럼 걸어라Walk Like an Egyptian〉라는 노래 아시죠?'** 이런 대화였어요."라고 회상했다.

이것은 크리스티가 곧 시련을 겪을 것이라는 암시였다. 그는 재러드 쿠슈너에게 이게 도대체 무슨 일이냐고 물었다. 재러드는 간단히 말했다. **트럼프는 지금까지 매우 파격적인 선거운동을 펼쳐왔고, 외교상 절차를 고이 따르지만은 않을 것이라고 말이다.** 트럼프의 대통령직 인수인계가 계획대로 진행되지 않을 수도 있다는 그다음 암시는 놀랍게도 **부통령 당선인인 마이크 펜스**로부터 나왔다. 크리스티는 선거 다음 날 펜스 부통령을 만나 정부에서 일하게 될 사람들의 명단을 놓고 의논했다. 그 회의는 기도로 시작되었고, 펜스의 미심쩍은 질문이 던져졌다. "왜 퍼즈더는 노동부 장관 후보 명단에 없습니까?" 하디스Hardee's와 칼스 주니어Carl's Jr.의 지주회사인 CKE 레스토랑의 대표 앤드루 퍼즈더Andrew Puzder는 노동부 장관이 되고 싶어 했다. 크리스티는 퍼즈더의 전처가 그를 가정폭력 혐의로 고발했고, 퍼즈더가 노동력을 착취했다며 패스트푸드점 직원들이 항의했기 때문에 그를 명단에서 제외했다고 설명했다. 그가 아무리 차기 노동부 장관이 될 수 있는 이상적인 후보라고 해도, 이러한 논란이 있는 이상 상원의 인사청문회를 통과하지 못할 것이 확실했다(트럼프 대통령은 이 충고를 무시하고 퍼즈더를 지명했다. 결국 퍼즈더는 청문회를 통과하지 못했을 뿐만 아니라, 패스트푸드업체 대표직에서도 물러났다).

크리스티는 펜스 부통령을 만난 뒤 트럼프 대통령과 재러드, 대통령의 자녀와 트럼프 내부 인사들에게 브리핑할 예정이었다. 그런데 여기에서 마이클 플린Michael Flynn이라는 은퇴한 육군 중장을 발견하고는 깜짝 놀랐다. 플린은 인수위가 극도로 경계해야 할 후보자였다. 그는 트럼프의 국가안보보좌관으로 임명되기를 원했는데, 국가안보보좌관 임명은 아마도 국가안보기구 전체를 통틀어 가장 중요한 일이었을 것이다. 전직 군인 및 정보기관 고위 관리들로 구성된 트럼프 정권 내부의 국가안보 팀은 그를 임명하는 것이 좋은 생각은 아니라고 조언했다. 플린의 이름은 명단에 없었다. 하지만 트럼프 행정부에서 누가 무엇을 할 것인지 결정하기 위한 회의에서, 트럼프의 딸 이방카가 그에게 어떤 직책을 원하는지 물었다.

크리스티가 끼어들기도 전에 스티브 배넌이 그를 붙잡고 잠시 얘기하자고 했다. 크리스티는 그의 사무실로 따라갔다. 크리스티는 **"할 말이 뭔지는 몰라도, 빨리 끝냅시다."**라고 서둘러 말했다.

배넌은 "**나도 그랬으면 좋겠네.**"라고 운을 떼었다. "**당신, 해고야.**"

"**왜요?**" 크리스티가 깜짝 놀라며 물었다.

"**변화가 좀 필요해서 말일세.**"

"**그래요, 그래서 뭘 바꾸겠다는 겁니까?**"

"**당신이지.**"

"**어째서요?**"

"**이유는 별로 중요한 게 아니네.**"

트럼프의 해고 방법은 놀랍지 않았다. 트럼프는 자기 입으로 누군가를 해고한다고 말하는 것을 극도로 꺼렸다. TV에서 "당신은 해고야!" 하고 소리치며 유명세를 탄 이 남자는 현실에서는 개인적인 대립을 피했다. 놀라운 것은 인수위의 업무가 가장 중요할 때인 지금, 크리스티를 해고한다는 것이었다. 크리스티가 기자들에게 스티브 배넌이 자신을 해고했다고 말하겠다며 협박하자, 그제야 배넌은 "재러드가 시킨 것"이라고 사실대로 털어놓았다.

선거가 끝나고 며칠 후, 17번가와 펜실베이니아 애비뉴에 있는 사람들은 워싱턴 시내의 다른 건물로 이사할 예정이었는데, 일종의 백악관 입성을 대기하는 것이었다. 그들은 곧 자신들이 트럼프 행정부를 보좌하기 위해 만든 명단들이 휴지 조각에 불과하다는 사실을 알게 되었다. 새 건물에 들어갈 수 있는 다른 명단이 있었는데, 거기에 그들의 이름은 대부분 적혀 있지 않았다. "사람들은 새 건물에 나타나서 '들어가게 해주세요.'라고 말하고, 비밀경호국Secret Service은 '죄송합니다. 명단에 이름이 없습니다.'라고 거절하곤 했습니다."라고 새 건물에서 근무하던 한 공무원이 말했다. 해고당한 사람은 크리스 크리스티뿐만이 아니었다. 비록 아무도 그들에게 그렇게 직접적으로 말해주지 않았지만, 인수인계 팀 전체가 해고당했다. 낸시 쿡Nancy Cook이 나중에 〈폴리티코Politico〉에서 보도한 것처럼, 배넌은 크리스티에게 해고 통보를 전한 지 며칠 만에 인수위 본부를 방문해, 그곳에서 도널드 트럼프를 위해 했던 일을 쓰레기통에 버리는 쇼를 벌였다. 트럼프는 인수인계를 거의 혼자서 처리하려고 했다. 스티브 배넌조차 그것이 좋은 생각이라고 믿지 않았다. 배넌은 나중에 친구들에게 "빌어먹을, 정말 똥줄이 탔어."라고 말했다. "제기랄, 그 양반(트럼프)은 아무것도 몰라. 그리고 전혀 신경도 안 써."

I

꼬리위험[1]

대통령 선거 다음 날인 2016년 11월 9일 아침, 미국 에너지부Department of Energy 소속 직원들은 각자 사무실에 출근해 대기 중이었다. 빈 책상 30개를 마련하고, 그 수만큼의 주차 공간도 확보해 두었다. 정확한 인원수는 모르지만, 선거에서 누가 당선되든 상관없이 청사로 곧 사람들이 몰려올 것이기 때문이었다. 8년 전 대통령으로 당선된 버락 오바마 역시 선거 다음 날 아침 에너지부로 30-40명의 사람들을 보냈다. 에너지부 직원들은 (힐러리 클린턴이 당선되었다면) 클린턴 사람들에게 했을 것과 동일한 방식으로 트럼프 대통령 사람들을 맞이하며 부처 직인이 찍힌 5인치 두께의 바인더를 건넬 계획이었다. "누가 승리하든 바뀌는 것은 없습니다." 한 전직 에너지부 직원이 말했다. "어느 당이 이기든, 그들은 그 무엇도 바꾸려 하지 않죠."

아무 일 없이 오후가 지나갔다. "첫째 날, 우리는 모든 준비를 마치고 기다렸습니다." 전 백악관 고위 관리가 말했다. "둘째 날엔 '우리에게 전화를 할까?' 하고 궁금해했죠."

"직원들이 삼삼오오 모여 '연락받은 것 없습니까?'라며 서로에게 물었습니다." 대통령 인수인계를 준비하던 또 다른 전직 관리가 말했다. "뭐 좀 들은 것 없어요? 저는 하나도 없는데……'라고 말이죠."

1 통계학에서 파생한 경제 용어로, 발생 가능성은 낮지만 한번 발생하면 큰 영향을 미치는 위험을 말한다. 평균값을 중심으로 종 모양이 그려지는 정규 분포는 평균값이 가장 두껍고 꼬리 부분은 얇다.—역자주

당시 에너지부 부장관이었던 엘리자베스 셔우드 랜들Elizabeth Sherwood-Randall은 "선거가 치러졌고, 그가 승리했습니다."라고 말하며 트럼프의 당선을 회상했다. "하지만 그 후 우리 사이에 서는 아무런 대화도 없었습니다. 우리는 **내일**을 준비했어요. 하지만 아무 일도 일어나지 않았죠." 연방정부 어디에도 트럼프 사람들은 보이지 않았다. 몇 군데 모습을 보인 곳에서는 준비가 덜 된 듯, 그들은 마냥 혼란스러워했다. 한번은 국무부에서 열린 브리핑에 참석했는데, 기밀을 다루고 있어서 내용을 들을 수 없었다. 비밀 취급 인가는 고사하고 외교 분야에서 경험 있는 이도 드물어서, 트럼프 사람들에게 국무부의 브리핑 청취는 허용되지 않았다. 선거가 끝난 직후, 백악관을 방문한 재러드 쿠슈너는 참모들이 너무 많이 떠나는 것을 보고 크게 놀랐다. "그는 이것을 기업 인수쯤으로 생각한 것 같아요." 오바마 행정부 시절 백악관에서 근무한 한 직원이 말했다. "모든 사람이 그냥 그대로 있을 것이라고 생각한 거죠."

정부 인수인계의 경우, 인수받는 측은 대개 놀랄 만큼 그 상황에 대해 무지하다. 네 번의 행정부 교체를 지켜본 에너지부의 한 고참 공무원은 이렇게 말했다. "이 부서가 하는 일을 전혀 이해하지 못하는 사람들과 이야기해야 하는 경우도 많았습니다." 이러한 문제를 해결하고자 오바마 대통령은 퇴임 1년 전부터 50명 정도의 에너지부 직원들을 포함해 각 부처 직원들에게 후임 대통령이 정부의 역할과 부처 업무를 잘 이해할 수 있도록 인계 준비를 철저히 하라고 지시했다. 그 전 부시 행정부도 오바마 행정부를 위해 이와 비슷한 준비를 했고, 이에 대해 오바마 대통령은 크게 고마워했다. 그리고 참모들에게 부시 행정부가 인계해 준 것보다 더욱 매끄럽게 다음 정부에 인계해 주는 것이 오바마 행정부의 목표라고 강조했다.

생각처럼 쉬운 작업은 아니었다. 차기 정부가 보다 선명한 그림을 그릴 수 있도록, 연방정부 내 수천 명의 공무원이 1년 넘는 시간을 보냈다. 미국의 연방정부는 아마도 전 세계에서 가장 크고 복잡한 조직일 것이다. 2백만 명의 직원들이 4천여 명의 정무관 지시를 받으며 업무를 수행한다. 이러한 기능 장애는 조직 구조에 이미 잘 녹아 있다. 공무원 직원들은 그들의 상사가 4년 또는 8년마다 교체되고, 선거나 정쟁, 혹은 다른 정치적 사건이 발생하면 그 업무 방향이 하루아침에 바뀔 수 있다는 사실을 잘 알고 있다. 차기 정부가 해결해야 할 많은 문제들이 특별히 이념적인 것은 아니지만, 그래도 오바마 행정부는 그들의 정치적 신념을 브리핑에서 배제하려고 노력했다. 전 백악관 고위 관리는 이렇게 말했다. "우리의 정치 신념에 동의할 필요까지는 없습니다. 우리가 왜 이런 생각을 하게 되었는지 이해만 하면 됩니다. 우리의 방식을 좋아하지 않을 수 있습니다. 동의까지는 필요하지 않습니다. 단지 왜 우리가 이런 방식을 취하게 되었는지 이해하면 충분합니다."

바이러스를 어떻게 막을 것인지, 인구 조사는 어떻게 할 것인지, 다른 나라가 핵무기 개발을 고집하거나 북한의 미사일이 캔자스시티에 도달한다면 어떻게 대응할 것인지, 모두 기술적 함의를 지닌 문제들이다. 이러한 문제들을 처리하기 위해 신임 대통령이 임명하는 정무관들에게는 그들의 전임자로부터 업무를 인수받을 수 있는 약 75일의 시간이 주어진다. 대통령의 취임식이 끝나면 전임자들은 그 직에서 물러나고, 연방법에 의해 더 이상 후임자들과는 접촉할 수 없다. 선거가 끝난 날로부터 취임식까지 그 기간은, 마치 늦게 온 절반 이상의 학생들이 다른 학생들의 노트를 구해 그 내용을 정신없이 베껴 쓰는, 기말고사 치르기 직전의 AP(Advanced Placement, 대학 과정을 고등학교에서 미리 듣는 제도) 화학 수업 시간과도 같다.

선거가 끝난 뒤 2주 후, 오바마 행정부의 에너지부 직원들은 신문을 통해 트럼프가 작은 '인수위'를 꾸렸다는 보도를 접했다. 엑슨모빌ExxonMobil과 코흐인더스트리Koch Industries로부터 수백만 달러를 지원받았던, 워싱턴의 프로파간다 머신propaganda machine이자 전미에너지연합American Energy Alliance의 회장인 토머스 파일Thomas Pyle이 그 인수위를 이끌었다. 파일은 과거 코흐인더스트리의 로비스트로 일했던 사람으로, 탄소에 대한 미국 경제의 의존도를 줄이려는 에너지부 움직임을 공격하는 사설을 신문에 쓰곤 했다. 파일이 말하길, 인수위에서의 그의 역할은 '자발적'이며, 비밀유지계약서에 서명했기에 누가 그를 임명했는지는 밝힐 수 없다고 했다. 그의 임명에 대해 에너지부에서는 경악을 금치 못했다. "우리는 추수 감사절이 포함된 주의 월요일에 파일의 임명 사실을 처음 알았습니다."라고 케빈 노블로치Kevin Knobloch 당시 에너지부 비서실장은 회상했다. "빠른 시일 내에 에너지부 장차관과 함께 만나면 좋겠다고 제안했죠. 하지만 그는 추수 감사절 이후에나 우리와 만날 수 있다고 했습니다."

선거가 있은 지 한 달 후에야 비로소 파일과 에너지부 장관 어니스트 모니즈Ernest Moniz, 셔우드 랜들, 그리고 케빈 노블로치의 만남이 이루어졌다. 클린턴 행정부 시절 에너지부 부장관을 지낸 핵물리학자 모니즈는 MIT 교수로 당시 휴직 중이었는데, 공화당 의원들조차 업무에 정통하고 에너지부에 대한 무한한 애정을 지닌 사람이라고 평가하는 인물이었다. 하지만 파일은 에너지부의 업무나 모니즈가 하는 말에는 전혀 관심이 없어 보였다. "그는 에너지부 업무에 대해 이해하고자 하는 아무런 의지도 보이지 않았어요." 셔우드 랜들이 말했다. "그는 연필이나 종이 한 장도 가져오지 않았습니다. 질문도 하지 않았죠. 우리와 한 시간 동안 같이 얘기했어요. 그게 다였죠. 다시 만나자고도 하지 않았습니다." 이후 노블로치는 파일에게 취임식 전까지 매주 한 번씩 만나자고 제안했고 파일 역시 이에 동의했지만, 그는 단 한 번도 모습을 드러내지 않았다. "정말 이해할 수가 없었어요." 노블로치가 말했다. "연간 300억 달러 규모의, 직원 수가 10만 명에 달하는 조직입니다. 미국 전역에 걸쳐 존재하는 산업 현장들을 관리해요. 우리가 하는 일은 대단히 중요한 일입니다. 정부를 운영하려고 하면서 도대체 왜 그에 대해 알려고 하지 않는 거죠?"

오바마가 이 조직의 운영책임자로서 핵물리학자를 임명한 것은 다 이유가 있었다. 조직이 담당하는 일의 성격만큼이나, 그 조직 역시 꽤나 기술적이고 복잡하다. 모니즈는 이란과의 협상을 주도하는 데 큰 역할을 했는데, 이란이 핵무기를 개발하는 것을 막기 위해서는 이란의 핵 프로그램 중 정확히 어떤 부분이 중요하다는 것을 매우 잘 알고 있었기 때문이다. 2013년 6월, 에너지부에서 일하기 시작했을 때 노블로치는 약 10년 동안 참여과학자모임Union of Concerned Scientists 대표로 활동하고 있었다. "저는 커리어 내내 에너지부와 긴밀히 협력해 왔습니다." 노블로치가 말했다. "당연히 이 조직에 대해 잘 알고 있다고 생각했죠. 하지만 이 조직에서 일을 시작했을 때 저는 생각했죠. 오, 세상에나!"

엘리자베스 셔우드 랜들 부장관은 지난 30여 년 동안 대량살상무기의 확산 방지를 위해 헌신해 왔다. 화학무기 제거를 위해 시리아에 파견된 미국 대표단을 이끌기도 했다. 하지만 에너지부에서 새로 일하게 된 다른 모든 사람들처럼, 그녀 역시 에너지부에 대해서는 아무것도 몰랐다. 2013년 오바마 대통령이 그녀를 이 부서의 이인자로 지명했다는 소식을 전하기 위해 집으로 전화를 걸었을 때, 그녀의 어머니는 "아이고, 애야, 나는 에너지부가 무엇을 하는 곳인지는 모르겠다만, 너는 항상 에너지가 넘치니까 그 역할에 꼭 맞는 사람이라고 확신한단다."라고 말했을 정도였다.

부서 내 셔우드 랜들의 하루 일상이 어떠했는지에 대해서 트럼프 행정부는 그녀의 어머니보다도 아는 것이 없었다. 그럼에도 불구하고, 셔우드 랜들에 따르면, 그들은 그녀의 일을 인계받기 전에 그녀가 전할 말은 들을 필요가 없다고 확신했다고 한다. 결국 파일은 그가 답을 원하는 74개의 질문 목록을 보내야만 했다. 인수인계를 위한 브리핑 자료에 포함된 주제가 대부분이었지만, 브리핑에서는 다루지 않은 주제도 일부 포함하고 있었다.

"이산화탄소의 사회적 비용에 관한 기관 간 협력 워킹그룹 Interagency Working Group에 참석한 모든 에너지부 직원이나 계약 직원 명단을 제공할 수 있습니까?"

"지난 5년 동안 유엔기후변화협약 당사국총회에 참석한 부서 직원이나 계약 직원 명단을 제공할 수 있습니까?"

한마디로 이것이 트럼프 기업의 정신이었다. "매카시즘(McCarthyism, 1950-1954년 미국을 휩쓴 일련의 반공산주의 선풍)을 떠올리게 했어요."라고 셔우드 랜들이 말했다.

이는 대통령직 인수 작업을 위해, 가장 불쾌한 질문조차 기꺼이 응하려고 하는 에너지부 직업 공무원들의 태도에 대해 많은 것을 보여준다. 다른 직업 공무원들과 마찬가지로, **'아무리 혐오스럽다 하더라도 선거로 선출된 이상, 그들은 우리의 상사이고 우리는 그들을 잘 보좌하기 위해 노력해야 한다.'**는 것이 그녀의 사고방식이었다. "그 질문들이 언론에 유출되었을 때, 그녀는 정말 속상해했어요." 전 에너지부 직원이 말했다. 에너지부가 기후 변화에 대해 관심을 가지고 공부한 사람들의 이름을 제공하지 않아 새 행정부의 노여움을 사게 된 유일한 이유는, 아직 구 행정부가 이 부서를 담당하고 있었기 때문이었다. "우리는 그런 질문에는 답하지 않습니다."라고 모니즈 장관은 단호히 말했다.

트럼프 행정부는 〈블룸버그통신Bloomberg News〉에 발표된 파일의 질문 목록에 대해서 부인했지만, 이 질문 목록은 이러한 의미를 내포하고 있었다. **'우리는 당신이 우리를 이해하도록 돕는 것을 원하지 않는다. 우리는 당신이 누구인지 알아내서 벌을 줄 것이다.'** 파일은 현장에서 사라졌다. 오바마 행정부의 한 관리는 스스로를 '비치헤드 팀the Beachhead Team'이라고 부르는 소수의 젊은 이데올로그들(특정 계급의 입장이나 당파를 대표하는 이론적 지도자를 이르는 말 — 역자주)이 그의 자리를 차지했다고 말했다. "그들이 하는 일이라곤 여기저기 돌아다니며 사람들을 모욕하는 것뿐이었습니다." 또 다른 관계자 역시 "그들은 정부가 하는 일은 모두 어리석고 나쁘며, 그 안에서 일하는 사람 또한 어리석고 나쁘다는 사고방식을 가지고 있었습니다."라고 말했다.

그들은 에너지부가 감독하는 국립과학연구소에서 가장 높은 보수를 받는 20명의 이름과 급여를 알아내려고 했다. 결국 그들은 에너지부에서 자금을 지원하는 모든 과학자의 이메일 주소가 적힌 연락처 목록을 삭제했는데, 이는 에너지부와 과학자들이 서로 의사소통하는 것을 더 어렵게 하기 위한 것으로 보였다. 전 에너지부 직원은 "그 사람들은 미쳤습니다."라고 말했다. "그들은 전혀 준비되지 않았습니다. 그들은 자신들이 무엇을 하고 있는지 몰랐습니다."

"우리는 인수인계 준비를 위해 정말 많이 노력했습니다."라고 60억 달러 기초 과학 프로그램의 책임자인 타락 샤Tarak Shah가 말했다. "하지만 인수인계를 위해서는 트럼프의 사람들이 모습을 드러내야 했죠. 그리고 자격 있는 사람들이 왔어야 합니다. 하지만 그들은 나타나지 않았어요. 심지어 '당신은 무슨 일을 합니까?' 하고 물어보지도 않았습니다." 오바마의 사람들은 기관의 역할과 임무에 대한 기관 스스로의 판단을 최대한 존중해 주려고 노력했다. "우리는 그들이 문서를 모두 없애버릴 경우에 대비해 만반의 준비를 하고 있었습니다." 샤가 말했다. "그래서 우리는 필요한 경우 자료를 다시 전송할 수 있도록 공공 웹사이트를 준비했습니다."

취임식 전 트럼프 인수위가 취한 한 가지 구체적인 조치는 오바마 대통령이 임명한 에너지부와 다른 연방기관의 사람들을 정리하려는 시도였다. 그러나 한 정권의 지명자들조차 차기 정부의 새로운 지명자들을 돕기 위해 자주 드나들던 오랜 역사가 있었다. 예를 들어, 부시 행정부 시절 에너지부 최고재무관리자를 지낸 인물은 오바마 행정부에서 1년 반 동안 머물렀는데, 그는 인수인계가 제대로 이루어지지 않으면 얼마나 많은 예산을 낭비하는지 정확히 이해하고 있었기 때문이다. 오바마 행정부 말기 부서의 최고재무관리자는 조 헤지르Joe Hezir라는 온화한 공무원 타입의 인물이었다. 그는 특별한 정치적 성향을 드러내지 않았으며, 일 처리 능력이 탁월하다고 알려진 사람이었다. 그래서 그는 트럼프 참모들이 그에게 계속 남아 달라고 전화를 할 것이라 기대했는데, 돈과 관련된 부분이 원활하게 돌아가도록 하기 위해서라면 말이다. 그러나 전화는 오지 않았다. 아무도 그에게 더 이상 그가 필요하지 않다는 것을 알려주지 않았다. 그를 대신할 사람이 아무도 없었지만, 위에서 아무런 지시가 없었기 때문에, 300억 달러를 책임졌던 최고재무관리자는 제대로 인수인계도 하지 못하고 퇴직했다.

이건 국가적 손실이었다. 최고재무관리자는 점심 식사 한두 번으로도 제대로 관리하지 않고 방치 중인 몇 가지 무서운 위험에 대해 새 행정부에 경고했을 수도 있다. 연간 300억 달러 규모의 에너지부 예산 중 약 절반이 미국 핵무기 유지와 방어에 쓰이고 있다. 그중 20억은 무기급 플루토늄과 우라늄이 테러리스트의 손에 넘어가지 않도록 하기 위해, 전 세계 핵무기를 추적하는 데 쓰인다. 2010년부터 2018년까지 8년 동안, 에너지부 산하 국가핵보안국National Nuclear Security Administration은 160개의 핵폭탄을 만들 수 있는 핵물질을 찾아냈다. 모든 국제기구의 사찰관들은 이 부서에서 훈련받는다. 만약 전 세계의 원자력 발전소가 폐연료봉을 재처리하고 플루토늄을 회수해서 몰래 무기급 물질을 생산하지 않는다면, 그것은 다 이 사람들 덕분이다. 에너지부는 또한 다른 나라들이 국경을 넘어 이전되는 폭탄 물질을 탐지할 수 있도록 방사선 탐지 장비를 제공한다. 미국의 핵무기고를 유지하기 위해, 플루토늄이 핵융합했을 때 플루토늄에 무슨 일이 일어나는지 이해하기 위해 적은 양의 핵물질에 대한 무한한 비용이 드는 실험을 하고 있는데, 놀랍게도 미국을 제외한 어느 국가에서도 이러한 실험을 하지 않는다. 그 과정을 연구하기 위해, 그것은 차세대 슈퍼컴퓨터 개발 연구에 자금을 지원하고 있으며, 그 결과는 결국 하느님만이 아실 것이다.

트럼프의 참모는 에너지부가 얼마나 중요한 존재인지를 파악하지 못한 것 같았다. 그들은 핵무기를 완전히 망각하지는 않았지만, 그렇다고 핵무기가 그들에게 많은 호기심을 유발하는 것도 아니었다. 국가 안보 문제에 대해 비치헤드 팀에게 브리핑한 사람은 "그들은 기본적으로 쓸모없는 것에만 관심을 보였습니다."라고 말했다. "오바마 행정부가 그들이 이 나라를 안전하게 지키기 위해 어떤 조치를 하지 못하도록 막기라도 했나요?" 브리핑한 사람들은 국가 안보의 민감한 측면을 설명하는 데 애를 먹었다. 미국은 더 이상 핵무기를 실험하지 않는다. 대신, 로스앨러모스Los Alamos, 리버모어Livermore, 샌디아Sandia에 있는 3개 국립연구소의 물리학자들은 오래되고 붕괴된 핵물질을 사용하여 폭발 시뮬레이션을 한다.

이것은 단순한 시뮬레이션이 아니다. 이러한 시뮬레이션을 위해 미국은 전적으로 국립연구소에서 일하는 과학자들에게 의존하는데, 최고의 두뇌들이 모이는 장소가 바로 국립연구소이기 때문이다. 그들은 결국 무기 프로그램에 관심을 갖게 된다. 그들에게 핵무기고를 유지하는 일이란 우주의 기원을 조사하는 것처럼 세계 최대의 과학 프로젝트에 참여할 수 있는 일생일대의 기회이다. 핵무기 담당 에너지부의 이인자이자 차기 행정부를 위해 브리핑을 한 매들린 크리던Madelyn Creedon은 "우리의 무기 과학자weapons scientist들은 처음부터 무기 과학자로 일하지 않습니다."라고 간단명료하게 말했다. "그러나 그들은 그것을 이해하지 못했습니다. 그들이 물어본 한 가지 질문은 '무기 과학자를 보고 자란 아이들은 무기 과학자가 되기를 원하지 않을까요?'였습니다. 사실, 그렇지는 않습니다."

트럼프 취임식을 앞두고, 에너지부 내부의 핵무기 프로그램을 담당하는 프랭크 클로츠Frank Klotz는 부서의 다른 137명의 정무관들과 마찬가지로 사직서를 제출해야 했다. 프랭크 클로츠는 옥스퍼드대학에서 정치학 박사학위를 받은 은퇴한 3성 공군 중장이었다. 그는 미국의 핵 기밀을 수호하는 사람이었지만,

그 역시 다른 모든 사람과 마찬가지로, 퇴직하면서 그의 책과 기념품 등의 물건을 상자에 담아 들고 나왔다. 뒤늦게 이 사실을 알게 된 모니즈 장관이 상원의원들에게 전화를 걸어 그가 얼마나 막중한 임무를 담당했는지 알렸고, 모니즈 장관의 말을 전한 상원의원들 덕분에 도널드 트럼프가 미국의 45대 대통령으로 취임하기 **전날**, 트럼프의 사람들이 클로츠 장군에게 연락을 취해 사무실로 다시 돌아오라고 요청했다. 클로츠는 다행히 돌아왔지만, 에너지부의 문제와 가능성에 대해 가장 잘 알고 있는 다른 사람들은 돌아오라는 요청을 받지 못했다.

2017년 6월 초, 나는 무슨 일이 벌어지고 있는지 파악하기 위해 에너지부를 방문했다. 에너지부는 네셔널 몰 바로 앞 콘크리트 기둥 위에 떠받쳐진 긴 직사각형의 건축용 콘크리트 블록처럼 생긴 건물에 있었다. 이 건물은 마치 누군가가 고층 빌딩을 주먹으로 쳐서 다시 일어설 수 없게 만든 것처럼 보인다. 뉴어크 공항 주변의 늪지대 풍경이 아름답지 않은 것처럼 이 건물 역시 흉물스러웠다. 너무 흉한 나머지, 기괴해 보인다. 이 건물이 나중에 폐쇄된다면, 모두가 잘됐다고 말할 것이다. 이 건물의 내부는 인간이 얼마나 미적 추함을 견딜 수 있는지 실험하는 듯한 느낌이 들 정도이다. 끝이 보이지 않을 정도로 긴 복도에는 하얀 리놀륨이 깔려 있고 고집스러울 정도로 개성이 결여되어 있다. 여기서 일하는 한 직원은 "병원처럼 생겼는데, 들것만 없습니다."라고 표현했다. 이곳은 너무나 삭막하지만, 사람들은 여전히 이 건물에서 일을 한다. 에너지부에서는 만약 방치한다면 상상할 수 없는 죽음과 파괴를 초래할 수 있는 임무를 수행한다.

내가 워싱턴에 도착했을 때는 이미 트럼프의 첫 번째 임기 중 8분의 1에 해당하는 기간이 끝나가는 시점이었지만, 트럼프 행정부는 여전히 갈팡질팡하고 있었다. 예를 들어, 트럼프는 특허청장이나 연방재난관리청Federal Emergency Management Agency을 맡을 사람을 지명하지 않았다. 교통안전국장을 맡을 사람도 없었고, 질병통제예방센터Centers for Disease Control and Prevention를 운영할 사람도 없었다. 2020년 국세조사는 한시도 지체할 수 없는 거대한 사업인데, 트럼프는 이를 맡아서 일할 사람도 임명하지 않았다. 맥스 스티어는 "정부는 실제로 정권을 장악하지 못했습니다."라고 말했다. 트럼프 정부는 유치원 축구팀처럼 어설펐다. 모두가 열심히 볼을 차려고 하지만 아무도 자기 위치에 서 있지 않았다. 하지만 트럼프가 현실을 제대로 보고 있는지는 의문이었다. 그가 가는 곳마다, 모든 것이 다 잘 돌아가는 것처럼 보였다. 아무도 그에게 나쁜 소식을 말해주지 않았다.

과거 오바마나 부시는 에너지부에 10명을 임명했고, 그들 중 대부분은 에너지부에 사무실을 두고 일했다. 그런데 트럼프는 겨우 3명만 임명했으며, 릭 페리Rick Perry 전 텍사스주 주지사 한 명에게만 사무실을 배정했다. 물론 페리는 에너지부의 가장 중요한 임무 중 하나를 책임지고 있었다. 2011년, 그는 대선 토론에서 연방정부에 있는 부서 중 3개 부서를 없앨 계획이라고 말했다. 그 부서가 뭔지 말해달라는 부탁을 받자 그는 상무부, 교육부를 말했지만, 이내 벽에 부딪쳤다. "제가 없앨 세 개의 부서는… 교육부… 그리고… 음… 어… 상무부…, 그리고 무슨 부서가 있더라…….." 그는 모두가 기다리는 것을 보고, 머릿속이 새하얘졌을 것이다. "아, 세 번째가 기억나지 않네요. 죄송합니다, 아이고." 페리는 나중에서야 자신이 없애려고 했던 세 번째 부서가 에너지부였다고 밝혔다. 부서를 운영하기 위한 인사청문회에서 페리는 자신이 그 부서를 없앨 것이라고 말했을 당시 에너지부가 실제로 무엇을 하는 부서인지 몰랐다고 고백했다. 이제 그는 그 부서가 가치가 없다고 말한 것을 후회했다.

현재 그 부서에서 일하고 있는 사람들의 속마음은 이랬다. '그가 지금은 에너지부가 무엇을 하는지 제대로 알고 있나?' 페리는 청문회에서 에너지부에 대해 공부를 많이 하고 있다고 과시했다. 그리고 그는 어니스트 모니즈 전 장관으로부터 브리핑을 받는 게 얼마나 유용한지에 대해서 말했다. 그러나 내가 그 브리핑에 정통한 누군가에게 페리가 모니즈와 몇 시간을 보냈냐고 물었을 때, 그는 피식 웃으며 "'시간'이라고 말할 수도 없어요."라고 말했다. 에너지부를 이해하는 핵물리학자와 페리는 몇 시간이 아니라 겨우 몇 분의 시간을 보냈다. 2017년 6월, 한 에너지부 직원은 나에게 "그는 우리가 하는 일을 이해하거나 변화를 일으키는 데 개인적인 관심이 없습니다."라고 말했다. "그는 단 한 번도 프로그램에 대해 보고를 받은 적이 없습니다. 단 한 번도요. 이 사실에 저는 정말 충격을 받았습니다."

페리가 확정된 이후 그의 역할은 허울뿐이었으며, 이상했다. 그는 어느 날 갑자기 나타나서 이런저런 에너지부 프로그램을 칭찬하는 글을 트위터에 올렸다. 그동안 백악관에서 그의 주인인 트럼프는 바로 그런 프로그램에 필요한 예산을 삭감했다. 그의 산발적인 대중 소통은 마치 인사불성으로 취한 남편이 머리 위로 칼을 흔들며 식탁에 벌거벗은 채 서 있어도, 아무런 일이 없다는 듯 즐거운 추수 감사절 만찬을 주재하려고 애쓰는 할머니의 모습과 비슷했다.

한편, 에너지부 청사 내부에서는 트럼프 행정부에서 보냈다고 주장하는 사람들이 직원들에게 아무런 예고도 없이 나타났다. 에너지부 직원들은 "에너지부에 나타난 트럼프 충성파로부터 백악관으로 이어지는 미스터리한 연결 고리가 있습니다."라고 말했다. "이런 식으로 예산과 같은 중요한 결정이 내려집니다. 장관인 페리가 결정을 내리는 게 아니라." 오바마 행정부 시절, 에너지정책분석 팀의 책임자였던 한 여성은 연구실 직원으로부터 자신이 일하던 사무실을 트럼프의 아들인 에릭 트럼프의 처남이 차지했다는 전화를 받았다. 그에게 에너지부의 중책을 맡긴 이유가 무엇일까? 이에 대한 답은 누구도 몰랐다. "그렇습니다. 차이가 분명하죠." 한 젊은 공무원이 비판했다. "이 행정부에는 전문성이 부족합니다. 예의도 차리지 않죠. 아마 그들 중 누구도 사무실이나 정부에서 일한 적이 없을 것입니다. 공무원들과 정보를 공유하는 것에 대해 거부감을 드러내진 않지만, 관심도 없습니다. 소통의 부족 때문에 아무것도 이루어지지 않고 있습니다. 모든 정책 현안에 대해 답변을 할 수 없게 되었죠.”

에너지부는 대체 에너지와 에너지의 효율에서 필요하지만 그만큼 위험이 따르는 기업 혁신을 장려하기 위해, 기업에 저금리 대출을 제공하는 프로그램을 만들었다. 이 프로그램은 태양에너지 회사 솔린드라Solyndra가 대출금을 상환하지 못하면서 실패한 정책 프로그램이라는 비판을 받았지만, 2009년에 시작된 이후 전반적으로 수익을 내고 있다. 테슬라가 캘리포니아주 프리몬트Fremont에 공장을 짓기 위해 이 프로그램을 이용해 돈을 빌리기도 했는데, 민간 부문에서는 이런 투자가 일어나지 않는다. 현재 도로 위를 달리는 테슬라 자동차는 모두 에너지부가 자금을 조달한 시설에서 나온 것이다. 초기 단계의 태양에너지 회사들에 대한 에너지부의 대출에서부터 해당 산업은 시작되었다. 현재 35개의 유틸리티 기업이 성공을 거두었다. 민간 자금으로만 운영되는 태양에너지 관련 기업은 10년 동안 단한 곳도 성공하지 못했다. 하지만 현재 이 프로그램은 중단되었다. “우리가 받은 지원 신청서를 어떻게 처리할 건지 방향도 정해지지 않았습니다.”라고 젊은 공무원은 말했다. “우리가 이 프로그램을 종료하는 건가요? 직원도 없고, 저만 있어요. 사람들이 자꾸 제게 이 프로그램이 진행 중인지 물어요. 아무나 와서 제게 이 프로그램을 폐기하라고 말해도 괜찮아요. 저는 그냥 제가 현명하게 일을 처리할 수 있도록 위에서 뭘 원하는지 말해줬으면 좋겠어요." 또 다른 에너지부의 정규직 직원은 "트럼프 정부에서 저희가 겪은 가장 큰 변화는 사전 예방적 작업을 중단하는 것입니다. 우리가 해야 할 일이 거의 없습니다. 우리의 임무가 무엇이었는지에 대해 잊어버릴 정도입니다. 대부분의 인력이 의욕을 상실했습니다."

몇 번이나 반복해서, 나는 에너지부에서 일하는 사람들에게 인사상 불이익을 받을까 두려우니 그들의 이름을 사용하지 말아달라거나 어떤 식으로든 자신이 누군지 알아채지 못하게 해달라는 요청을 받았다. 타락 샤는 "퇴사율이 높아졌습니다."라고 말했다. "정말 슬프고 끔찍한 일입니다. 에너지부에서 가장 똑똑한 사람들이 제일 먼저 짐을 싸고 있어요. 에너지부를 퇴사하면 최고의 일자리를 얻을 수 있기 때문이죠."

이 나라의 역사상 특징 없는 연방정부 건물 안에서 무슨 일이 일어나고 있는지 아는 것이 이처럼 흥미로웠던 때는 없었을 것이다. 왜냐하면 이처럼 일들이 미숙하게, 혹은 전혀 이루어지지 않았던 때가 없었기 때문이다. 그렇다고 해서 에너지부라는 한 정부 부처가 어떻게 운영되는지 배우기 위해 그 부서에 계속 남아 있을 필요는 없다. 부서가 다루는 시급한 현안들과 직원들이 밤잠 설쳐 가며 고민하는 문제들, 그리고 일상 업무들, 이 모두가 항상 계속될 것이기 때문이다. 연방정부에 내재된 위험에 대해 솔직하고 공개적인 평가를 원하는 사람은 이제 그것을 위해 정부 밖으로 나가야 할 때이다.

———

　내가 롱아일랜드의 쿼크Quogue에서 존 맥윌리엄스John Mac-Williams의 부엌 식탁에 앉았을 때, 나는 그가 2013년에 에너지부에서 처음 일했을 때만큼이나 현재 그 부서가 어떻게 돌아가는지 잘 알고 있다는 사실을 알게 되었다. 맥윌리엄스는 그가 실제로 원하지 않았던 세계에서 자신이 원하는 것을 찾기 위해 많은 시간을 보냈다. 1980년대 초 스탠퍼드와 하버드 로스쿨을 졸업한 후, 그는 뉴욕의 명문 로펌에서 누구나 부러워하는 직업을 가졌다. 그러나 그는 자신이 원하는 것을 법이 아니라 금융에서 찾을 수 있다고 생각해, 골드만삭스로 뛰어들어 에너지 분야 전문 투자은행가로서 일했다. 골드만삭스의 은행가로 일한 지 6년 만에, 그는 과거 자신이 변호사가 되고 싶었던 것만큼이나 은행가로 살고 싶지 않다는 사실을 깨달았다. 그는 실제로 에너지 분야에 정말 관심이 많았는데(그는 에너지 분야에 엄청난 변화가 일어날 것임을 알았다), 정작 그는 월스트리트가 자신에게 미치는 영향에 대해서는 특별히 신경 쓰지 않았던 것이다. 그러던 어느 날 "면도를 하다가 문득 거울을 보니 제 얼굴이 너무 초췌하더군요. 저는 그때 '돈 때문에 계속 이렇게 살아야 하나?'라는 생각이 들었습니다." 그는 자신이 작가가 되기를 원한다고 생각했다. 하지만 그가 자신의 꿈을 골드만삭스의 상사에게 털어놓았을 때, 그의 상사는 그저 그를 불쌍히 여기며 "존, 당신이 작가가 되려면 책을 쓸 재능이 있어야 해요."라고 조언했다. 당시 그는 부자가 아니었다. 그가 가진 재산이라고는 몇십만 달러가 전부였다. 하지만 그는 35세의 나이에 골드만삭스를 그만두고 소설가로 전향했다.

그 후 1년 동안 소설 한 편을 완성한 그는 자신의 소설에 '불의 꿈The Fire Dream'이라는 제목을 붙였다. 출판계의 무관심에도 불구하고 그는 또 다른 소설을 쓰기 시작했다. 첫 번째 소설은 아주 쉽게 쓴 그였지만, 곧 그에게 슬럼프가 찾아왔다. 그는 자신이 변호사나 투자은행가가 되고 싶었던 것만큼이나 작가가 되고 싶지 않다는 사실을 뒤늦게 깨달았다. "가장 힘들었던 점은 검은 청바지를 입은 지금보다 예전의 화려한 삶이 그립다는 사실을 인정하는 것이었습니다."라고 그가 말했다. 그는 에너지회사에 투자할 펀드를 마련하기 위해 자금을 모으기 시작했는데, 그때 랜덤하우스Random House의 편집자가 그에게 전화를 걸어 '불의 꿈'의 출간을 거절한 것을 후회한다고 말했다. 맥윌리엄스는 삶의 아이러니를 깨달았다. 그는 이미 그의 문학적 야망을 포기한 지 오래였다. 그는 "주식형 펀드equity fund를 굴리는 사람이 소설가가 될 수는 없습니다."라며 자신의 소설을 서랍에 다시 집어넣고 민간 투자회사인 비콘 그룹Beacon Group 을 공동 창업했으며, 그 그룹 내에서도 에너지 분야에 집중 투자한 비콘 펀드의 공동 대표가 됐다. 7년 후 그와 그의 파트너들은 비콘 그룹을 JP모건 체이스JPMorgan Chase에 5억 달러에 매각했다.

그러던 중, 그는 핵물리학자인 어니스트 모니즈를 알게 되었다. 그는 맥월리엄스에게 원자력 발전의 미래에 대해 논의하는 MIT 태스크포스에 참여해 달라고 부탁했다. 2013년 초, 모니즈가 에너지부 장관으로 임명되자, 그는 맥월리엄스에게 전화를 걸어 워싱턴으로 함께 가자고 했다. 모니즈는 "저는 부서에 필요한 인재를 영입해야 한다고 생각했기 때문에 그를 채용했습니다."라고 말했다. "그리고 민간 부문 투자 분야에서 잔뼈가 굵은 사람이 정부에서 일할 의향이 있다는 건 상당히 드문 일입니다." 이에 대해 맥월리엄스는 "저는 나라를 위해 봉사하려는 꿈을 가지고 있었습니다."라고 말했다. "이상하게 들리겠지만, 그게 전부입니다." 그는 정부에서 일한 적도 없고 정치적 야망도 없었기 때문에 모두가 그의 결정을 의아하게 여겼다. 그는 자신을 '해결사'이자 '협상가'라고 생각했다. 그는 "저는 1980년대 중반부터 민간 에너지 분야에 투자해 왔고, 단 한 번도 에너지부에서 일한 적이 없었으며, 그럴 필요가 없다고 생각했습니다."라고 말했다. "제가 잘못 생각했던 거죠."

처음에 그는 갈피를 잡지 못했다. "모든 용어가 외계어처럼 들렸습니다."라고 그는 말했다. "저는 사람들이 말하는 것의 20-30%만 이해했습니다." 그는 적극적으로 자신이 맡은 직무를 공부했으며, 직원들을 불러서 무슨 일을 했는지 자기가 이해할 때까지 설명해 달라고 부탁했다. 그는 "에너지부의 모든 것을 이해하는 데 1년 정도 걸렸습니다."라고 말했는데, 나는 문득 그처럼 적극적으로 알려고 노력하지도 않는 사람이라면 도대체 얼마나 시간이 걸릴지 궁금해졌다. 어쨌든, 그는 아랍의 석유금수조치Arab Oil Embargo에 대한 대항책으로 에너지부가 1970년대 후반에 만들어졌지만, 정작 에너지부는 석유와 거의 관련이 없고, 1970년대보다 훨씬 더 거슬러 올라가는 역사를 가졌다는 사실을 알게 되었다. 에너지부에는 명확하게 정해진 조직 원칙이 없는 프로그램과 사무실도 포함되어 있었다. 2016년 에너지부 예산의 약 절반은 핵무기를 유지하고 핵 위협으로부터 미국인을 보호하는 데 쓰였다. 이 예산은 더러운 폭탄(dirty bomb, 다이너마이트와 같은 재래식 폭탄에 방사능 물질을 채운 일종의 방사능 무기 ― 역자주)이 터지기 전에 탐지하기 위해 쓰였다. 예를 들어, 슈퍼볼과 같은 대형 공공 행사에 탐지 장비를 갖춘 팀들을 보내 방사능 수치를 측정했다. "에너지부는 정말로 뉴욕을 안전하게 지키기 위해 일하고 있었습니다."라고 맥윌리엄스는 말했다. "이것들은 가상의 적이 아닙니다. 이는 현실적인 위험입니다." 예산의 4분의 1은 핵무기 제조로 인해 생겨난 전 세계의 혼란을 잠재우기 위해 쓰였다. 예산의 마지막 4분의 1은 미국인들의 에너지 이용과 에너지 인프라 형성을 위한 프로그램에 들어갔다.

에너지부에서 이런 일들을 하는 데에는 이유가 있었다. 원자력은 에너지원이었고, 그래서 원자력 담당 부서인 에너지부가 무기급 핵물질에 대한 책임을 지는 것이 타당했다. 무기급 우라늄과 플루토늄으로 핵무기를 제조했던 부서에서 그것을 깨끗이 처리하는 것이 이치에 맞았다. 그러나 맨해튼 프로젝트와 핵폐기물 처리 및 청정에너지 연구를 함께 추진해야 한다는 가장 좋은 주장은 이 모든 것의 기반이 거대과학(Big Science, 많은 과학자·기술자·연구기관을 동원해서 하는 대규모의 종합적·선도적 연구개발 — 역자주)이라는 것이었다. 거대과학은 수십억 달러의 입자가속기를 필요로 한다. 에너지부는 브룩헤이븐Brookhaven, 페르미 국립가속기연구소Fermi National Accelerator Lab, 오크리지Oak Ridge, 프린스턴 플라즈마물리학연구소Princeton Plasma Physics Lab 등 17개 국립연구소를 운영했다. 맥윌리엄스는 "에너지부의 과학연구소는 에너지부만의 과학연구소가 아닙니다."라고 말했다. "이곳은 미국의 모든 과학을 위한 과학연구소입니다. 핵과 기후 변화라는 가장 큰 위험 두 가지에 대해 연구할 수 있는 곳이라는 것을 바로 깨달았습니다."

그는 이러한 문제를 해결하는 공무원들의 능력에 놀랐고, 심지어 약간 충격을 받기도 했다. 그는 "많은 사람들이 정부에는 분에 넘치는 보수를 받으면서 아무 일도 하지 않는 관료들로 넘

쳐난다고 생각합니다. 그리고 저 역시 정부 내부 깊숙이 들어가면 그런 사람들을 많이 볼 수 있을 것이라 확신합니다."라고 말했다. "하지만 저와 함께 일하게 된 사람들은 정말 인상적이었어요. 공무원 문화는 군대와 비슷했습니다."라고 덧붙였다. 이 연방정부 직원들은 비가 올 확률이 40%일 때 온종일 우산을 들고 다니는 사람들처럼 위험을 회피하는 경향이 있었다. 하지만, 때때로 그들은 과감하게 행동했다. 2009년, 리비아의 유혈 내전을 촉발하는 시위가 벌어졌다. 맥윌리엄스와 함께 일하던 젊은 여성 공무원은 러시아 보안 부대와 함께 리비아에 입국해 고농축 우라늄을 제거했다. 공직에서 일하려는 사람들의 지적 수준 역시 그를 놀라게 했다. "모든 곳에 물리학자들이 있었습니다. 넥타이와 양복 스타일이 따로 노는 남자들 말입니다. 수동적인 공붓벌레지만, 사람들 간 관계를 개선하기 위해 노력하는 사람들이었죠."

어니스트 모니즈는 맥윌리엄스가 에너지부의 재무 위험 평가 업무를 맡아주기를 원했다(마침 이 일은 그가 평생 경력을 쌓아온 일이었다). 그러나 모니즈의 표현처럼, "재무 위험을 넘어, 이제까지 제대로 평가하지 않은 다른 모든 위험에 이르기까지" 모든 위험 평가가 이루어져야 했다. 이를 위해 모니즈는 결국 전에는 존재하지 않았던 맥윌리엄스의 직책을 만들었다. 그는 에너지부의 최고위험관리자Chief Risk Officer로 임명되었다. 에너지부 최초의 최고위험관리자로서 맥윌리엄스는 에너지부 내에서 일어나는 모든 일과 모든 것을 조감할 수 있었다. 맥윌리엄스는 "임무가 매우 복잡했고, 11만 5천 명의 직원이 전국에 퍼져 있는 상황에서 매일 문제가 발생했습니다."라고 말했다. 그는 샌디아국립연구소 윕Waste Isolation Pilot Plant, WIPP 시설에서 뉴멕시코주 염전 내부에 축구장 너비의 인공 동굴을 조성해 방사성폐기물을 저장하는 프로젝트를 수행했다. 방사성폐기물은 통으로 들어가고, 통은 동굴로 들어가 결국 소금이 스며들게 된다. 통의 내용물은 휘발성이 강했는데, 놀랍게도 고양이 배설물 처리용 모래kitty litter로 이 문제를 해결할 수 있었다. 2014년, 로스앨러모스의 전 에너지부 관계자에 따르면, '무기질inorganic 고양이 배설물 처리용 모래'를 통에 넣으라는 지시를 내렸으나, 하청업체에서 '유기an organic 고양이 배설물 처리용 모래'로 잘못 적는 일이 발생한 적이 있었다. 결국 유기 고양이 배설물 처리용 모래가 들어 있는 통이 터져서 동굴 안에 방사성폐기물이 퍼졌다. 이 처리장은 3년 동안 폐쇄되어 미국에서 핵폐기물을 처리하는 데 상당한 비용이 들었는데, 무려 5억 달러가 들었다. 이에 대해 해당 하청업체는 로스앨러모스 국립연구소에서 정한 절차를 따랐을 뿐이라고 해명했다.

이처럼 에너지부에서 잘못될 수 있는 일들의 목록은 끝이 없었다. 플루토늄을 전국으로 이동시키기 위해 배정된 중무장 부대의 운전기사는 음주 운전으로 인해 해고되었다. 82세의 한 수녀는 무기급 핵물질을 수용하는 테네시주의 한 시설의 경계 울타리를 뚫고 들어갔다. 한 의료 시설에서 연구를 위해 플루토늄 한 조각을 주문했는데, 무기 연구실 직원이 소수점을 잘못 입력했다. 페덱스는 연구원들이 무장한 경비대와 함께 있어야 할 정도로 큰 플루토늄 조각을 연구원들에게 배송했다. 겁에 질린 의료 연구원들은 페덱스에 이것을 도로 가져가라고 했다. 케빈 노블로치 전 비서실장은 "에너지부에서는 정기 회의를 열 때면 '여러분, 믿기 어렵겠지만…'이라는 말로 시작하곤 했습니다."라고 말했다.

맥윌리엄스는 에너지부에서 4년간 일하면서 가장 큰 위험이 무엇인지 이해했다. 그는 부서 최고위험관리자로서 부서 내부의 위험을 이해하고, 차기 연방정부를 위한 위험 목록을 작성했다. "저희 팀은 자체적으로 트럼프의 사람들에게 브리핑할 보고서를 준비했습니다. 그 보고서를 아무도 읽지는 않았지만요. 트럼프의 사람들과 함께 앉아서 우리가 뭘 하고 있는지 말할 기회가 단 하루도 없었습니다. 제가 몇 주 동안이나 그러려고 시도했는데 말이죠. 정말 안타까웠어요. 만약에 제가 당신에게 이걸 말한다면, 당신은 밤잠을 설칠 겁니다. 그래서 저는 그 위험에 대해 누구에게도 말한 적이 없습니다."

그가 관직을 떠난 지 5개월이 지났는데, 놀랍게도 내가 그에게 그가 무엇을 걱정하는지 물어본 첫 번째 사람이었다. 나는 좀 더 자세히 듣기 위해 의자를 끌어당겼다. 나는 트럼프의 사람들이 그의 브리핑을 들었다면 어떻게 행동했을지를 상상했다. 트럼프는 그의 도움이 필요하지 않으리라 생각했겠지만, 그는 트럼프를 도울 수 있었다. 나는 우익 싱크탱크에서 낯설고 의심적은 사람에게 사용하는 어투와 태도가 있다고 생각했다. 그래서 나는 그의 두꺼운 브리핑 보고서를 가리키며 이렇게 말했다. "**지금 당장** 내가 걱정해야 할 다섯 가지 위험 요소를 말해보세요. 제일 위험한 것부터요."

그러나 문제가 있었다. 핵무기 관련 사고는 그의 위험 요소에 있어 가장 우선시되었고, 그는 보안 허가를 받지 않은 사람과 그것에 대해 논의할 수 없었다. 하지만 트럼프의 사람들도 허가받지 않은 건 마찬가지였기 때문에, 그가 기밀을 누설하지만 않는다면 괜찮았다. "여기서 조심해야 합니다."라고 그가 말했다. 그는 중요한 점을 지적하기를 원했다. 에너지부는 핵무기가 분실되거나 도난당하지 않도록 보장하거나, 핵이 폭발하지 않도록 위험을 최소화하는 일을 한다. 그는 "이 문제는 릭 페리가 매일 걱정해야 하죠."라고 말했다.

"무서운 일이 있었다고 말씀하시는 건가요?"

그는 잠시 생각했다. 그리고 그는 "트럼프 정부는 한 번도 잃어버린 무기를 염려한 적이 없습니다."라고 조심스럽게 말했다. "무기가 비행기에서 떨어진 적이 있었죠." 여기까지 말하고, 그는 다시 멈췄다. "부러진 화살Broken Arrows에 대해 한 시간 정도 시간을 들여 읽어보시길 권합니다."

'부러진 화살'은 핵전쟁으로 이어지지 않은 핵사고를 뜻하는 군사 용어이다. 맥윌리엄스는 이 모든 것을 배워야 했다. 그는 1961년에 일어났던 사건에 대해 나에게 이야기해 주었다. 2013년 에너지부에서 그의 임무를 시작했을 때, 부러진 화살 관련 기밀이 해제되었다. 노스캐롤라이나주 상공에서 손상된 B-52(미국의 전략폭격기)가 추락하면서 히로시마에서 터진 핵폭탄보다 250배 이상 강력한 4메가톤급 수소폭탄 2개가 분리되어 떨어져 나오는 사고가 발생했다. 폭탄 중 하나는 지상과 충돌하는 동시에 그대로 산산조각 났지만, 다른 하나는 낙하산을 타고 지상으로 떨어지면서 폭발 위험에 처했다. 나중에 이 폭탄은 노스캐롤라이나주 골즈버로Goldsboro 외곽의 들판에서 발견되었는데, 4개의 안전장치 중 3개가 비행기 파손으로 인해 작동하지 않거나 효력을 상실했다. 만약 네 번째 안전장치가 작동하지 않았다면, 노스캐롤라이나주 동부의 넓은 지역이 파괴되었을 것이고, 핵낙진이 워싱턴 D.C., 그리고 뉴욕을 덮었을지도 모른다.

맥윌리엄스는 "이 문제에 대해 생각해 볼 가치가 있는 이유는 폭탄이 터지지 않은 이유가 현재 에너지부가 설계한 폭탄의 모든 안전장치 덕분이기 때문입니다."라고 말했다.

에너지부는 폭탄이 폭발하면 안 되는 상황에서 폭발할 가능성을 줄이기 위해 많은 시간과 돈을 들인다. 많은 작업이 북부 캘리포니아의 로렌스 리버모어 국립연구소Lawrence Livermore National Lab의 두꺼운 콘크리트 벽이 있는 어두운 빛깔의 빌딩에서 이루어지는데, 이곳은 에너지부가 자금을 지원하고 감독하는 세 곳의 핵무기 연구 현장 중 하나이다. 거기서 매너가 좋은 한 남자가 당신에게 건축 자재로 보이는 소프트볼 크기의 덩어리를 건네줄 것이고, 그것이 무엇인지 추측해 보라고 할 것이다. 당신은 홈디포Home Depot에서 산 10달러짜리 모조 대리석이라고 추측할 것이다. 그는 홈디포 대리석으로 보이는 이 덩어리가 특정 조건에서는 플루토늄 더미에서 연쇄 반응을 일으킬 만큼 강력한 폭발물이 된다고 설명한다. 만약 그 매너 좋은 남자가 폭발물을 당신에게 건넨 혐의로 감옥에 가게 된다면, 그가 건넨 것이 바로 핵물질이었기 때문이다.

맥윌리엄스는 에너지부에서 일할 때 엄청난 양의 기밀 정보를 알게 되었다. 만약 당신이 에너지부에서 일하는데, 그 정보를 다룰 수 있도록 허용되지 않는다면 부서 내에서 제 기능을 다 할 수 없다. 건물 안에는 국가 기밀을 공유할 수 있는 곳과 공유할 수 없는 곳이 있었다. 보안 허가를 위해 그를 조사했던 FBI 요원들은 그에게 불륜이나 경범죄, 마약 복용 등 많은 불미스러운 것들을 눈감아 줄 수 있다고 말했지만, 아무리 사소한 것이라도 이것 하나만큼은 용서할 수 없다고 했다. 그들은 "미국 정부를 폭력적으로 전복하려는 사람이나, 혹은 그러한 생각을 옹호하는 사람을 알고 있습니까?"라는 명령에 가까운 질문을 던졌다. 또한 그들은 그에게 지난 7년 동안 그가 기억하는 모든 외국인과의 접촉을 말해달라고 요청했는데, 이 질문이 그에게는 말 같지도 않은 소리로 들렸다. 그는 글로벌 금융 분야에서 일했고 런던과 파리에서도 살았기 때문이었다. 그러나 보안 허가를 내어주는 사람들은 쉽게 넘어가려 들지 않았다. 그들은 맥윌리엄스의 모든 것을 파악해야 했다. 보안 허가를 받은 사람이라면, 예를 들어, 자신이 최근에 러시아 대사와 만찬을 함께했다는 것에 대해 언급할 가치가 없다고 생각할 리가 없었다.[2]

그는 나와 함께 부엌 식탁 앞에 앉아 있다가, 갑자기 자신의 핸드폰을 집어 들었다. 그는 "우리는 첩보활동의 주요 타깃입니다."라고 말했다. "항상 감시당하고 있다고 생각하면 됩니다." 나는 주위를 둘러보았다. 우리는 롱아일랜드의 푸른 숲속 고요함에 둘러싸여 있었다.

"누가요?" 나는 그가 나를 놀린다고 생각했다.

"러시아인들이요. 아니면 중국인들."

"어떻게요?"

"제가 가지고 있는 모든 전화요. 모든 컴퓨터도."

아름다운 하구를 내려다보는 그의 뒷마당에는 캐나다기러기들이 마당을 파헤치는 것을 막기 위해 그가 직접 야생 짐승의 실루엣을 달아놓았다. 나는 웃음을 터뜨렸다.

"진심으로 지금 누군가가 우리 대화를 듣고 있을 거라고 생각하세요?"

---

2 제프 세션스 참조. 그는 트럼프 행정부의 미국 법무부 장관으로, 미국 대통령 선거 기간에 러시아 대사를 만난 의혹을 받고 있다.

"제 생각엔 그들이 레이더를 꺼놓은 것 같습니다."라고 그가 말했다. "하지만 당신은 제 집에 있는 동안은 확실히 감시당하고 있어요."

나는 시계를 확인했다. 나는 중요한 논평을 써야 하고, 아마 코흐Koch 형제를 알지도 모르는 사람들을 만나야 할 수도 있다. 내가 만약 트럼프의 사람이라면 핵무기 담당자들이 릭 페리의 도움이 필요 없을 정도로 주변의 위험에 잘 대비하고 있다고 생각할 것이다. 어쨌든 트럼프가 선거운동 기간에 공개적으로 릭 페리에 대해 한 말은 "그는 IQ 검사를 강제로 받아야 합니다."라거나 "사람들이 그가 똑똑하다고 생각하도록 안경을 썼군요."라는 것뿐이었다.

"당신의 위험 목록에서 두 번째 위험은 무엇입니까?"라고 내가 물었다.

맥윌리엄스가 "북한이 위험 목록에서 상위에 있을 겁니다."라고 말했다.

내가 만약 에너지부의 차기 관리라면, 북한을 걱정할 필요가 있을까?

존 맥윌리엄스는 최근 북한에 의한 공격 위험의 징후가 나날이 증가한다고 끈기 있게 설명했다. 북한이 바다로 발사한 미사일은 미치광이의 터무니없는 행동이 아니라, 엄연히 실험이었다. 분명히, 에너지부가 미국 정부 내에서 이러한 실험을 이해하려고 노력하는 유일한 기관은 아니지만, 국립연구소의 사람들은 북한이 미사일로 무엇을 할 수 있는지를 판단할 수 있었다. 맥윌리엄스는 "다양한 이유로 미루어 보아, 위험 곡선이 바뀌었습니다."라고 조심스럽게 말했다. "실수가 발생한다면, 그에 따라 많은 사람이 사망할 위험이 급격히 증가합니다. 북한이 사용할 수 있는 무기가 반드시 핵무기라는 보장은 없습니다. 사린 가스일 수도 있습니다."

그는 더 자세하게 설명하기를 원치 않았고, 내가 듣지 않아도 되는 정보를 실수로 누설할 수도 있었기 때문에, 나는 그에게 다음 위험으로 넘어가라고 재촉했다. "좋아요, 당신이 가진 목록에서 세 번째 위험을 말해주세요."

그는 "저는 위험의 순서를 특별히 정하지 않습니다."라고 조심스럽게 말했다. "하지만 이란은 다섯 손가락 안에 꼽힐 정도로 위험합니다." 맥윌리엄스는 모니즈 장관이 이란으로부터 핵무기 보유 능력을 박탈하는 협상안을 처리하는 것을 지켜보았다. 핵무기로 가는 길은 세 가지뿐이었다. 첫 번째, 이란이 농축 우라늄을 생산하는 방법으로, 그렇게 하려면 원심분리기를 사용해야 한다. 두 번째, 그들은 플루토늄을 생산할 수도 있지만, 그렇게 하려면 협상을 파기해야 하고, 이미 제거한 원자로가 필요하다. 세 번째, 외부의 오픈 마켓에서 무기를 구매할 수도 있다. 국립연구소는 이 세 가지 경로를 모두 감시하는 데 큰 역할을 했다. 맥윌리엄스는 "이 연구소는 훌륭한 국가적 자원이며, 우리를 안전하게 지켜주는 데 직접적인 책임이 있습니다."라고 말했다. "이란이 핵무기로 우리를 위협할 수 없다는 것을 분명하게 확신하고 말할 수 있는 것은 바로 이 연구소 덕분입니다." 협상이 끝난 후, 미군 장교들은 미국의 생명을 구해준 것에 대해 감사하기 위해 에너지부 관리들을 만났다. 그들은 이 협상이 미국이 불가피하게 끌려 들어갈 중동에서의 또 다른 전쟁 가능성을 크게 줄였다고 확신했다.

어쨌든, 심각한 위험은 이란이 비밀리에 무기를 획득하는 것이 아니었다. 이란이 무기를 얻을 가능성이 희박하다는 핵 과학자들의 논리를 미국 대통령이 이해하지 못하고 어리석게도 미국를 협상에서 물러나게 하는 것이야말로 심각한 위험이었다.[3] 핵-전력 프로그램에 대한 복잡한 일련의 규제에서 풀려난 이란은 핵폭탄을 제조할 것이다. 미국은 세계 최고의 포렌식 핵물리학자들을 보유하는 것만으로는 충분히 대비할 수 없을 것이다. 우리의 정치 지도자들은 포렌식 핵물리학자들의 말을 경청하고 그 말을 이해할 수 있는 능력을 갖추어야 한다.

"그래, 과학 따윈 잊어버려. 이란하고 거래하자고." 나는 트럼프가 혼자 이렇게 중얼거렸을 것이라고 확신했다.

---

3 이것은 정확히 그가 한 일이다.

2017년 초여름, 나는 에너지부를 운영했던 20명 정도의 경력직 직원과 이야기를 나누었다. 그들은 모두 자신들이 일하고 있는 기관이 인류가 직면한 가장 큰 위험에 대처하는 강력한 도구라는 사실을 이해하고 있었다. 그리고 그 도구가 심하게 잘못 다루어져서 고장이 날 위험에 처했다고 생각했다. 그들은 자신들이 망치지 않는 한, 그들이 한 일을 특별히 알 필요도 느끼지 못하고 신경도 쓰지 않는 외부 세계에 익숙해져 있었다. 그 당시에 그들은 세금 도둑이자 어리석은 존재로 인식되고 있었다. 이에 대해 맥스 스티어는 "어떤 일이 제대로 진행되고 있으면 아무도 관심을 주지 않습니다."라고 말하기도 했다. "우리 기관의 긍정적인 면에 대한 분석은 전혀 이루어지지 않습니다." 내부에서 발생하는 최악의 상황에 대해서만 강조하고 대응하는 조직이 어떻게 생존할 수 있을까? 적절한 보상이 없다면 어떻게 더 좋은 것을 장려할 수 있을까?

존 맥윌리엄스가 평가를 위해 도입한 700억 달러의 대출 프로그램은 정당한 보상의 대표적인 사례였다. 이 프로그램은 2005년 의회로부터 매우 낮은 금리로 기업에 돈을 빌려주도록 승인받았다. 그래야 기업들이 판도를 바꾸는 에너지 기술을 개발할 수 있기 때문이었다. 이 프로그램은 에너지 혁신 투자에 소극적인 민간 부문을 보완하기 위한 에너지부의 설립 배경에서 비롯되었다. 제임스 슐레진저James Schlesinger 초대 에너지부 장관은 퇴임하면서 "근본적인 문제는 에너지 프로그램을 위한 지지층이 없다는 것입니다."라고 말하기도 했다. "대신에, 에너지 프로그램을 반대하는 지지층은 많습니다." 석유 회사, 유틸리티 기업 등 기존 에너지 사업은 정부 지원 경쟁에 적대적이다. 동시에, 그것들은 본질적으로 투자 자본이 많지 않은 사업이기도 하다. 규모가 큰 석유회사조차 수십 년 동안 투자해야 할 연구 및 개발에 드는 비용을 증권시장에서 절대로 보상해 주지 않는다. 그리고 에너지 생산에 큰 변화를 가져올 수 있는 이런 종류의 연구는 종종 수십 년 동안 뚜렷한 성과를 거두지 못한다. 게다가 과학을 개발하기 위해서는 많은 자금이 필요하다. 새로운 종류의 배터리 개발이나 태양에너지를 포집하는 새로운 방법을 발견하는 것은 새로운 앱을 만드는 것과는 다르다. 예를 들어, 프래킹(Fracking, 수압 파쇄법)은 민간 부문의 연구가 아닌 20년 전에 에너지부가 비용을 투자한 연구에서 거둔 성과였다. 프래킹은 석유와 가스의 가격을 크게 낮췄고, 미국의 에너지 자립에 기여했다. 태양광·풍력 기술은 또 다른 예이다. 2009년, 오바마 행정부는 유틸리티 규모의 태양에너지에 드는 비용을 2020년까지 1킬로와트시당 27센트에서 6센트로 낮추겠다는 목표를 세웠다. 현재 7센트까지 낮췄는데, 에너지부의 투자 덕분에 천연가스와 가격 경쟁 면에서 결코 뒤지지 않았다. "민간 부문은 에너지부가 실용성이 있음을 보여줄 때만 개입합니다."라고 에너지부 과학 프로그램을 감독하기 위해 2년 동안 휴직했던 스탠퍼드 공학 교수 프랭클린 오어Franklin Orr가 말했다.

맥윌리엄스는 헤리티지재단의 직원들이 상상만 했던 자유시장에서의 성공을 맛봤지만, 정작 그는 에너지부 내부 활동에 대해 한없이 낙천적인 팡글로스주의자Panglossian와 같은 견해를 보이지는 않았다. 그는 "정부는 항상 혁신에서 주요한 역할을 해왔습니다."라고 말했다. "이러한 특성은 미국의 건국에서부터 찾아볼 수 있습니다. 대부분 산업에 있어서 초기 단계의 혁신은 정부의 다양한 지원이 없었다면 불가능했을 것이고, 특히 에너지 분야에서는 더욱 그러합니다. 그래서 현재 정부의 초기 단계의 혁신을 민영화할 것이라는 생각은 터무니없는 것입니다. 다른 나라들이 연구개발 분야에서 우리를 앞지르고 있고, 우리는 뼈아픈 대가를 치르게 될 것입니다."

정치적으로, 그 대출 프로그램은 불리했다. 아무도 그것의 성공에 주의를 기울이지 않았다. 그리고 이 프로그램에서 유일한 실패작이었던 솔린드라에 대해, 우익들의 친구인 거대 석유업체가 정부의 낭비와 사기, 어리석음에 대해 끊임없이 떠들어 대도록 내버려 뒀다. 단 한 번의 부실 대출로 말미암아 귀중한 프로그램이 정치적 책임을 질 위기에 놓였다. 프로그램의 포트폴리오를 파고들면서, 맥윌리엄스는 이 프로그램에서 솔린드라와 같은 실패가 또 나올지도 모른다고 우려했다. 실패는 한 번에 불과했지만, 여전히 그를 불안하게 했다. 에너지부는 맥윌리엄스의 표현대로 "JP모건이 기꺼이 소유했을 가치가 있는" 대출 포트폴리오를 구축했다. 요컨대, 에너지부는 시장이 취하지 않을 큰 위험을 감수한다는 것이었고, 놀랍게도 그들은 돈을 벌어들이고 있었다! 맥윌리엄스는 "우리는 위험을 충분히 감수하지 않았습니다."라고 말했다. 반정부 선전으로 번질지도 모르는, 손실에 대한 두려움이 에너지부의 임무 수행에 큰 위협이 되고 있었다.

―――――

2017년 6월 말, 나는 네 번째와 다섯 번째 위험에 대한 보다 명확한 설명을 듣기 위해 다시 운전대를 잡았고, 만약 트럼프 행정부 내에 리더십이라는 것이 존재했더라면 미국인의 삶을 위협하는 이 중대한 위험을 걱정하느라 에너지부 고위 인사들이 밤잠을 설쳤을 것이라고 열변을 토하는 맥윌리엄스를 곧 만날 수 있으리라 기대했다. 나는 오리건주 포틀랜드Portland에서 출발해 동쪽으로 컬럼비아강을 따라 운전했다.

한 시간 남짓한 시간을 운전하자, 어느새 숲은 사라지고 황량한 황무지로 바뀌었다. 실로 놀라운 광경이었다. 이윽고, 사막을 가로지르는 거대한 강이 나타났다. 나는 마치 워싱턴 D.C.에 있는 에너지부 건물의 전면 복제품이 강물에 통째로 잠긴 것처럼 보이는 거대한 댐을 지났다. 컬럼비아강은 엽서 사진으로도 아름답지만, 맥윌리엄스의 네 번째 위험인 '전력망'에 등장하는 실례이기도 하다. 컬럼비아강과 그 지류는 미국 수력 발전의 40% 이상을 생산한다. 만약 이 댐이 고장 나면, 그 영향은 실로 치명적일 것이다.

전력망의 안전성은 내가 대화했던 에너지부 내부의 모든 사람이 우려하던 위험 목록에서 맨 위 또는 그 근처에 있었다. 미국인의 삶은 점점 더 전력에 의존하게 되었다. "인간에게 필수적인 요소는 음식과 물에서 이제 음식과 물과 '전기'로 바뀌었습니다."라고 한 에너지부 직원이 말하기도 했다. 2013년, 캘리포니아에서 모든 사람의 관심을 끌었던 사건이 발생했다. 어느 늦은 밤, 세너제이San Jose 남동쪽에 있는 퍼시픽 가스 앤드 일렉트릭 컴퍼니Pacific Gas and Electric Company의 메트칼프 변전소에서, 정보를 잘 아는 저격수가 30구경 소총을 사용하여 17대의 변압기를 파괴했다. 또한, 누군가 변전소와 통신을 연결하는 케이블을 끊었다. "테러범들은 정확히 어떤 선을 잘라야 하는지 알고 있었습니다."라고 에너지부에서 이 사건을 연구한 타락샤가 말했다. "그들은 정확히 어디를 쏘아야 하는지 알고 있었습니다. 그들은 어떤 맨홀 커버가 관련이 있는지, 통신선이 어디에 있는지 정확히 알고 있었습니다. 이 변전소는 애플과 구글의 공급처였습니다." 다행히 아무도 정전 사실을 눈치채지 못할 만큼 이 지역에 충분한 예비 전력이 있었고, 이 사건은 뉴스에서 빠르게 보도되었다. 그러나 샤는 "우리에게 이 사건은 경종을 울리는 계기가 되었습니다."라고 말했다. 2016년, 에너지부는 미국 전력망의 여러 부분에서 50만 건의 사이버 침입이 있었다고 집계했다. "이러한 문제를 해결하지 않는 것은 기후 변화라는 위험이 확실한데도 불구하고 '앞으로 언젠가'라며 안일하게 대처하는 것과 마찬가지입니다."라고 오바마의 에너지정책 수석고문으로 백악관에서 일했던 알리 자이디Ali Zaidi가 말했다. "우리는 현재 위기에 당면했습니다. 우리는 사실 변압기 예비 장치가 없습니다. 이것들은 백만 달러짜리 물건처럼 귀하죠. 캘리포니아에서 17개의 변압기가 총에 맞아 파괴된 것은 '오, 우리가 나중에 문제를 해결할게요.'라는 말로 때울 수 없습니다. 우리의 전력망 자산이 점점 더 공격에 취약해지고 있습니다."

전력망에 대한 그의 브리핑에서 맥윌리엄스는 특정 요점과 좀 더 일반적인 요점으로 구분했다. 특정 요점은 우리가 실제로 국가적인 전력망을 가지고 있지 않다는 것이었다. 우리가 사용하는 전기는 혁신적이지도 않고, 잠재적인 위험에 대비하여 관리가 이루어지지도 않는 지역 전력회사에 의해 공급된다. 연방정부는 전력 시스템에 대한 위험에 대비하고, 지능적으로 대응할 수 있는 유일한 메커니즘이다. 즉, 민간 부문 메커니즘은 없다. 이를 위해 에너지부는 유틸리티 기업의 임원을 모아, 그들이 직면한 위협에 대해 교육하기 시작했다. 맥윌리엄스는 "그들은 모두 '그런데, 이것이 정말 진짜인가요?'라고 물었습니다."라고 말했다. "당신이 하루 정도 보안 허가를 받고 현재 가해지는 공격에 대해 그들에게 알려주면, 갑자기 그들의 눈이 완전히 휘둥그레지는 것을 볼 수 있습니다."

좀 더 일반적인 요점은 위험을 관리하는 것이 상상력에서 비롯된 행위라는 것이었다. 그리고 인간의 상상력은 위험을 판단하는 데 있어 좋지 않은 도구이다. 인간은 방금 일어난 위기에는 정말 잘 대응한다. 그들은 대개 한 번 일어난 일이 다시 일어날 가능성이 가장 크다고 상상하기 때문이다. 반면, 위기가 발생하기 전에 미리 상상하여 그것을 막기 위한 조치를 취하는 것에는 능숙하지 못하다. 그러므로, 모니즈 장관이 이끄는 에너지부는 전에는 일어나지 않았던 재난을 상상하기 시작했다. 첫 번째 시나리오는 동부 해안에 있는 전력망에 대한 대규모 공격으로, 만약 실제로 이 재난이 일어난다면 수백만 명의 미국인들이 중서부로 이주하는 수밖에 없다. 두 번째 시나리오는 3등급의 허리케인이 텍사스주 갤버스턴Galveston을 강타하는 것이다. 세 번째 시나리오는 태평양 북서부에서 발생한 대지진으로 전기가 끊기는 것이다. 하지만 그때까지만 하더라도 그들이 상상한 재난은 할리우드 시나리오 작가가 상상할 수 있는 재난, 즉 생생하고 극적인 사건들에 불과했다. 맥윌리엄스는 이러한 일들이 일어날 수는 있어도, 그것들이 유일한 혹은 일반적으로 발생할 수 있는 재난은 아니라고 생각했다. 사람들이 쉽게 상상할 수 있는 재난은 가능성이 가장 낮은 재난뿐이었다. 그는 당신을 죽게 할 것은 우리가 일어날 것이라고 상상한 재난이 아닐 것이라고 말하면서, "당신을 죽게 할 것은 감지하기 어렵고 체계적인 위험입니다."라고 말했다. 다른 말로 하자면, 우리가 가장 두려워해야 할 위험은 우리가 쉽게 상상하는 위험이 아니라는 것이다. 그것은 우리가 전혀 생각지도 않은 위험이다. 그것이 바로 다섯 번째 위험이다.

만약 당신이 에너지부가 하는 것처럼 신경을 곤두세울 필요가 있는 장소 안에 도사리는 주요 위험들을 나열하기 시작하면, 당신의 마음은 자연히 그것들의 순서를 정하려고 할 것이다. 맥윌리엄스가 최종 리스트에서 150개 정도의 위험을 추린 한 가지 간단한 방법은 두 개의 축으로 된 간단한 그래프에 그것들을 그려보는 것이었다. 한 축에는 '사고의 확률'이 있었고, 다른 축에는 '사고의 결과'가 있었다. 그는 그래프의 사분면에 일어날 위험을 그려보았다. 조립 공장에서 핵폭탄이 폭발하여 텍사스주 팬핸들Panhandle을 폭파시키는 것은 '높은 결과, 낮은 확률'이다. 에너지부 시설 중 어느 한 곳의 경계 보안 울타리를 뛰어넘는 침입자가 발생하는 것은 '낮은 결과, 높은 확률'이다. 그 밖에 다양한 사고가 일어날 수 있었다. 그는 자신이 몸담은 부서에서 그래프의 사분면에서 가장 큰 위험, 즉 사고 발생 확률이 높고 사고가 발생한다면 큰 결과를 초래할 가능성이 큰 위험에 충분한 주의를 기울이고 있는지 확인했다. 그는 이 사분면에 그려진 많은 위험이 에너지부가 관리하는 수십억 달러의 거대한 프로젝트에 해당한다는 사실을 알게 되었다. 맥윌리엄스는 '수십억, 그리고 우리 모두 망했다Billions and All Fucked Up, BAFU'라는 자신만의 약어를 만들었다.

어쨌든, 내가 다섯 번째 위험이 무엇인지 그에게 물었을 때, 그는 그것에 대해 생각해 보았고, 그러고 나서 약간 긴장을 푸는 것 같았다. 다섯 번째 위험은 그가 기밀 정보를 노출할 위험이 적었기 때문이었다. "프로젝트 관리"가 그가 말한 전부였다.

———

1938년 12월, 독일 과학자들이 우라늄 핵분열을 발견했다. 독일의 연구에 대한 물리학자 엔리코 페르미Enrico Fermi의 보고서는 알버트 아인슈타인Albert Einstein에게 전달되었고, 1939년 아인슈타인은 프랭클린 루스벨트Franklin Roosevelt에게 편지를 썼다. 그 편지가 바로 에너지부의 창립 문서이다. 1940년대 초까지 미국 정부는 민주주의가 살아남기 위해서는 히틀러를 원자폭탄으로 격파해야 한다고 생각했다. 원자폭탄을 만드는 방법에는 농축 우라늄이나 플루토늄을 사용하는 두 가지 방법이 있었다. 1943년 초, 미 육군은 로드아일랜드주 절반에 가까운 크기의 워싱턴 동부 한 지역에서 모든 주민을 철수시키고, 핵폭탄 제조를 위해 충분한 양의 플루토늄을 만들기 시작했다.

핸포드Hanford 부지는 일부분이 컬럼비아강에 인접해 있기 때문에 선택되었다. 강은 냉각수와 전력을 모두 공급했다. 핸포드는 또한 외딴곳이라는 지리적 이점 때문에 선택되었다. 미군은 적군의 공격과 우발적인 핵폭발에 대해 걱정했다. 마지막으로, 핸포드는 돈 때문에 선택되었다. 세계에서 가장 거대한 공공사업 프로젝트는 가난한 주민들이 푼돈을 받고 떠난 이곳에서 시작되었다.

1943년부터 마지막 원자로를 폐쇄했던 1987년까지, 핸포드에서는 미국의 무기에 사용될 플루토늄의 3분의 2가 제조되었다. 당시, 이곳에는 약 7만 개의 핵무기를 만드는 데 필요한 재료가 공급되었다. 폐쇄된 이후에 핸포드에 남겨진 양은 엄청났다. 맥윌리엄스는 "플루토늄은 생산하기 어렵습니다."라고 말하면서, "그리고 없애기도 힘들죠."라고 덧붙였다. 1980년대 후반에 이르러, 워싱턴주는 플루토늄을 제거하는 것이 얼마나 어려운지에 대해 어느 정도 정확한 정보를 알게 되었다. 길고 험난한 협상 끝에, 맥윌리엄스의 표현에 따르면 미국 정부는 핸포드를 "아이들이 흙을 먹어도 안전한" 상태로 복구하겠다고 약속했다. 하룻밤 사이에 핸포드는 플루토늄을 제조하는 사업장에서 제염을 해야 하는 곳으로 바뀌었다. 플루토늄 제조 사업장으로 쓰였던 마지막 해에, 핸포드의 플루토늄 공장에서는 약 9천 명을 고용했다. 이 회사는 여전히 9천 명을 고용하고 있으며, 예전보다 훨씬 더 많은 돈을 지불하고 있다. 맥윌리엄스는 "냉전의 유산을 청산하기 위해 걸리는 시간과 돈을 쓸 만큼 충분히 신경을 쓰는 나라에 산다는 것은 좋은 것"이라고 말했다. "러시아에서는 단지 그것들에 콘크리트를 부어버리고 넘어가는 게 답니다." 맥윌리엄스는 미국 정부가 핸포드를 법적으로 요구되는 기준으로 복귀시키는 데 어떤 비용이 들 수 있는지 추측해 달라는 질문에 "100년에 천억 달러"라고 말했다. 그리고 그는 그것이 보수적인 추정치라고 덧붙였다.

매년 에너지부는 예산의 10%, 즉 30억 달러를 이 작은 장소에 보낸다. 아마도 방사능 오염이 정리될 때까지 계속 그렇게 할 것이다. 그리고 현재 '트라이-시티스Tri-Cities'라고 불리는 이 지역은 인구가 많고, 강에 요트, 비스트로에 300달러짜리 와인이 있는 등 놀랄 만큼 번창하고 있지만, 이 지역에 일어날 수 있는 최악의 상황은 아마도 핵사고는 아닐 것이다. 최악의 상황은 연방정부가 방사능에 관한 관심을 잃고, 에너지부의 예산을 삭감하는 것이다.[4] 그런데도, 트럼프는 핸포드가 포함된 주에서 25점 차로 승리했다.

어느 날 아침, 나는 한 쌍의 현지 가이드와 함께 핸포드 부지를 방문하게 되었다. 내 무릎에는 방문객들을 위한 안내 책자가 놓여 있었다. 책자에는 "방사능 누출이나 유출을 신고하세요."라고 쓰여 있었다. 우리가 이 부지에 들어가자 "세상에서 우리

---

4 예산 삭감은 트럼프 대통령이 제안한 대로 이루어졌다.

처럼 낭비되는 인력은 없을걸요."라고 가이드 중 한 명이 말했다. 스트론튬 90은 인체에 칼슘과 같은 작용을 해, 몸속에 침투하여 뼈 안에 영원히 머무른다. 이것을 다량으로 몸속에 가지고 있는 사람은 아무도 없다. 그러나 크롬(크로뮴), 삼중수소, 사염화탄소, 요오드-129 및 플루토늄 공장의 다른 폐기물과 함께, 이러한 물질들은 핸포드의 지하수에 다량 녹아 있다. 미국에는 다른 핵폐기물 처리장이 있지만, 전체 폐기물의 3분의 2가 여기에 있다. 핸포드 밑에는 방사능 슬러지radioactive sludge로 만들어진 거대한 지하 빙하가 컬럼비아강을 향해 천천히, 그러나 끊임없이 움직이고 있다.

이곳은 이제 전 세계의 유령 도시 중 1위를 차지하는 가장 섬뜩한 해체 현장이 되었다. 대부분의 오래된 플루토늄 발전소는 여전히 그대로 있다. 1940년대에 건설된 9개 원자로의 껍데기는 여전히 곡물 엘리베이터처럼 컬럼비아강에 늘어서 있다. 원자로의 문은 폐쇄되어 있고, 이것 역시 또 한 세기 동안 썩어가도록 방치되었다. 가이드 중 한 명이 "'추위와 어둠'은 저희가 즐겨 사용하는 용어입니다."라고 말했는데, 그는 방울뱀과 다른 살아 있는 생물들이 종종 원자로로 들어가는 길을 찾아 들어간다고 덧붙였다. 정부가 땅을 점령하기 전에 있었던 정착지 가운데, 한때 과수원이었던 자리에 나무 그루터기가, 마을 둑에 작은 돌 껍데기가 남아 있다. 그리고 나이 든 유령들이 있다. 메마른 갯벌처럼 보이는 곳에는 수많은 인디언 묘지와 이곳에 살았던 부족들에게 신성시되었던 다른 유적지, 즉 네즈퍼스Nez Perce, 우마틸라Umatilla, 야카마Yakama가 있다. 백인이 이주해 오기 전 약 1만 3천 년 동안, 이 장소는 아메리카 원주민이 살던 곳이었다. 그들에게 미국의 실험은 눈 깜짝할 사이에 일어난 것이었다. 네즈퍼스의 대변인은 "당신들은 여기 온 지 200년밖에 되지 않았으니, 200년 후의 미래만 상상할 수 있을 것입니다."라고 말한 바 있다. "우리는 수만 년 동안 이곳에 있었고, 앞으로도 영원히 이곳에 있을 것입니다. 언젠가 우리는 이 땅에서 뿌리를 캐 다시 먹을 것입니다." 언젠가는 그렇게 될지 모른다. 하지만 2014년, 에너지부는 지역 부족들에게 서신을 보내서 뿌리는 고사하고, 강에서 잡은 물고기를 일주일에 한 번 이상 먹지도 말라고 경고했다.

어린 엘크가 우리 차 앞에서 질주했다. 1943년 이후로 586 제곱마일의 이 땅에서는 사냥이 허용되지 않았기 때문에 거위와 오리, 퓨마, 토끼, 엘크, 사슴 등 모든 곳에서 동물들만의 사냥이 벌어진다. 놀랍게도 오랫동안 생명체에 대한 방사선의 영향은 무시되거나 진지하게 탐구되지 않았다. 핵무기를 만드는 광란의 레이스를 벌이던 당시에는 누구도 레이스를 늦출 수 있는 어떤 진실도 들으려고 하지 않았다. 그러나 수년 동안 핸포드에 살았던 사람들은 대부분 유산을 겪거나, 특정 종류의 암 및 유전 질환의 발생 비율이 일반인들보다 아주 높았다. 로렌스 리버모어 국립연구소의 의학 책임자는 1980년대에 핸포드를 운영했던 민간 하청업자들이 이 문제를 어떻게 연구했는지를 검토한 후 "진실을 외면한다면 건강에 미치는 영향이 없다고 느끼기 쉽습니다."라고 말했다. 메릴랜드대학의 역사학자 케이트 브라운Kate Brown은 2013년 그녀의 명저《플루토피아Plutopia》를 통해 미국의 플루토늄 생산지인 핸포드와 그런 핸포드와 쌍둥이처럼 똑같은 소련의 오조르스크Ozersk를 비교·대조했다. 방사성 물질에 접촉했을 때 인체에 미치는 위험에 대해 미국은 소련보다 더 잘 몰랐을지도 모른다. 소련 정부는 적어도 방사능 관련 정보를 은폐할 수 있다는 측면에서 안전해 보였다. 그러나 미국은 그 정보를 결국 은폐하지 못했기 때문에, 상황은 더욱 심각했다. 1962년 해럴드 아달Harold Aardal이라는 핸포드의 한 노동자가 중성자 방사선의 폭발에 노출되어 병원으로 후송되었다. 병원에서는 그가 불임 상태라는 것 외에는 아무 이상이 없다고 했으며, **뉴스에도 보도되지 않았다.** 그러자 1960년대 후반 핸포드 연구원들은 지역 교도소에 가서 수감자들의 고환에 방사선 조사(照射)를 실험하기 위해 허가를 받았다. 남성의 정자에서 꼬리가 떨어지기 전까지 얼마나 많은 방사선을 조사받을 수 있는지 알아보기 위해 수감자들에게 돈을 지불했다.

우리는 T 발전소T plant를 지나갔다. 이곳은 나가사키를 파괴한 폭탄에 들어간 플루토늄을 제거하기 위해서 원자로에서 조사후 물질irradiated material을 가져온 긴 회색 콘크리트 건물이다. 이곳 역시 춥고 어두우며, 주변 시설보다는 주목을 덜 받는다. 원전의 폐기물이 버려진 곳이기 때문이다. 나가사키에 떨어진 폭탄은 약 14파운드의 플루토늄을 함유하고 있었지만, 그 플루토늄을 만들기 위해 생성된 폐기물은 야구장 내야 흙의 질감처럼 느껴지는 잘 다듬어진 먼지를 1에이커나 메우고, 발전소 바로 비탈 아래까지 채울 정도였다. 가이드들은 이곳을 '탱크 농장The tank farm'이라고 불렀다. 각각 대략 4층짜리 아파트 크기의 100만 갤런의 고준위 폐기물high-level waste을 담을 수 있는 177대의 탱크가 이 핸포드 탱크 농장에 매몰돼 있다. 탱크에 들어 있는 5천6백만 갤런의 폐기물은 모두 고준위 폐기물로 분류된다.

아마도, 당신은 고준위 폐기물이 뭐냐고 질문할 수 있다. 1980년대 후반부터 이 부지를 감시해 온 조직인 핸포드 챌린지Hanford Challenge의 전무이사 톰 카펜터Tom Carpenter는 고준위 폐기물을 "정말 위험한 물건"이라고 말했다. "단 몇 초 동안 그것에 노출된다고 해도, 인체에는 치명적인 양일 겁니다." 그러나 만약 스쿠버 장비를 등에 지고 얼굴에 산소마스크를 쓴 채 탱크 위를 기어 올라가는 사람들이 없다면, 설사 탱크 농장을 지나가고 있다 하더라도 당신은 여기서 어떤 이상한 일이 벌어지고 있는지 결코 알지 못할 것이다. 우리가 이곳에 대해 알 수 있었던 것은 핵 시설 내에서 일했던 내부고발자들 덕분이었다. 이들은 한 산업으로 먹고사는 마을을 위협했다는 이유로 그들이 속한 공동체로부터 배척받았다(케이트 브라운은 "위협을 이해하는 것에 대한 저항은 그 위협에 가까울수록 증가한다."라고 말했다). 핸포드에 있는 149개의 탱크는 고산성의 핵폐기물을 막도록 설계되지 않은, 단일 강철 뼈대로 만들어졌다. 이 중 67개가 잘못 만들어져서 폐기물과 증기가 밖으로 새어 나왔다. 각 탱크에는 고유한 화학약품 혼합물이 들어 있었기 때문에 절대로 동일한 방식으로 2개의 탱크를 관리할 수 없었다. 많은 탱크의 상단에는 수소가스가 채워져 있는데, 만약 가스가 제대로 분출되지 않는다면 탱크가 폭발할 수도 있다. 카펜터는 "후쿠시마 수준의 사건들이 언제든지 일어날 수 있습니다."라고 말했다. "수백만 개의 스트론튬 90과 세슘을 방출하게 될 것입니다. 이것들은 한번 밖으로 새어 나가면, 수백 년 동안 사라지지 않습니다."

1940년대와 1950년대 초 세계 최초 폭탄에 플루토늄을 사용한 사람들은 나중에 무슨 일이 일어날지 알지도 못하면서 성급하게 이 일을 처리했다. 그들은 1억 2천만 갤런의 고준위 폐기물과 **4,440억 갤런**의 오염된 액체를 그냥 땅에 버렸다. 그들은 반감기가 45억 년이나 되는 우라늄을 아무런 조치도 취하지 않고 컬럼비아강 근처 구덩이에 쌓았다. 그들은 고체 방사성 폐기물을 처리하기 위해 42마일의 참호를 팠지만, 참호 안에 무엇이 있는지 후손들이 참고할 만한 기록을 남기지 않았다. 2017년 5월 초, 저준위 폐기물을 매립하기 위해 1950년대에 건설했던 핸포드 터널이 붕괴됐다. 이에 대한 대응으로, 노동자들은 트럭에 흙더미를 담아 구덩이를 메웠다. 터널 붕괴로 생긴 폐기물은 저준위 방사성폐기물로 분류되어 폐기되어야 했다. 카펜터는 "핸포드의 청소가 어려운 이유는 한마디로 지름길을 선택했기 때문입니다."라고 말했다. "빌어먹을 지름길을 너무 많이 선택했습니다."

맥윌리엄스가 다섯 번째 위험이라고 생각하는 또 다른 위험이 있다. 사회가 단기적인 해결책으로 장기적 위험에 대응하는 습관에 빠질 때 발생하는 위험이다. '프로그램 관리'는 단순한 프로그램 관리가 아니다. '프로그램 관리'는 실제로 위험으로 상상조차 할 수 없는 실존적 위협이다. 차기 대통령이 걱정해야 할 것 중 일부는 유행병, 허리케인, 테러 공격처럼 빠르게 움직인다. 하지만 대부분은 그렇지 않다. 대부분은 아주 긴 퓨즈를 가진 폭탄과 같다. 먼 훗날 퓨즈가 폭탄에 닿으면 폭발할 수도 있고, 폭발하지 않을 수도 있다. 그것은 치명적인 폐기물로 가득 찬 터널의 수리를 언젠가 무너질 때까지 미루는 것과 같다. 언젠가 미국이 핵폭탄을 추적·관리하는 것을 잊어버린다면, 더는 젊은 인력이 유입되지 않는 에너지부의 고령화 때문일 것이다. 이 문제는 기술적, 과학적 리더십을 중국으로 양도하는 것으로 이어질 것이다. 혁신은 절대로 일어나지 않고, 지식은 창조되지 않을 것이다. 왜냐하면, 우리가 그것을 위한 토대를 마련하는 것을 중단했기 때문이다. 당신이 전혀 배운 적 없는 것이 당신을 구했을지도 모른다.

에너지 장관으로서의 그의 임기가 끝나갈 무렵, 어니스트 모니즈는 에너지부가 최초로 핸포드의 위험에 대해 진지하게 연구할 것을 제안했다. 일단 위험에 대한 정확한 판단이 이루어지면, 핸포드를 놀이터로 만들려는 시도는 어리석은 짓이라는 것에 모두가 동의할지도 모른다. 어쩌면 미국 정부는 그 주변에 거대한 울타리를 쳐놓고 그것을 잘못된 관리의 기념비라고 불러야 할지도 모른다. 실험실에 있는 연구자들이 방사능이 컬럼비아강으로 스며드는 것을 막고 그대로 두는 방법을 찾을 수도 있다. 그런데, 이 문제를 다루는 것이 에너지부만의 일이 되어서는 안 된다. 이 문제는 최적의 해결책이 없고, 실패에 따른 정치적 비용이 에너지부가 실제로 해결할 수 있는 문제를 다루는 능력을 끊임없이 방해했기 때문이다.

실제로 아무도 핸포드의 위험성에 대해 진지하게 연구하려고 하지 않았다. 핸포드에서 많은 돈을 벌려고 줄을 섰던 기업가들도, 그 프로젝트를 감독하고 모든 위험에 대해 공개적으로 인정하는 것은 더 많은 소송에 시달릴 수도 있다고 두려워하는 에너지부 내부의 경력 직원도 하지 않았다. 연방정부가 지급하는 연간 30억 달러를 받는 워싱턴 동부의 주민들도 하지 않았다. 한 이해당사자만이 땅 밑에서 무슨 일이 일어나고 있는지 알기를 원했는데, 그들은 바로 인디언 부족들이었다. 방사능으로 인한 파멸은 발생한 일의 결과 없이 일어나지 않는다. 그렇지만, 지금도 이것이 얼마나 위험한지 말할 수 있는 사람은 아무도 없다.

트럼프 행정부의 의도적인 멍청함이 여기서 한몫했다. 만약 장기적인 비용과 관계없이 단기적 이득을 극대화하는 것이 당신의 야망이라면, 얼마가 드는지 차라리 모르는 편이 낫다. 만약 당신이 어려운 문제에 대한 당신의 면책권을 주장하고 싶다면, 그 문제들을 절대 이해하지 않는 것이 더 낫다. 명청함에는 장점이 있고, 지식에는 단점이 있다. 지식은 인생을 골치 아프게 만든다. 그리고 지식은 자신의 세계관에 맞춰 세상을 축소하려는 사람이 그렇게 할 수 없도록 막는다.

이러한 트럼프의 의도적인 명청함(즉, 알기 싫은 욕망)에 대한 분명한 예는 바로 '에너지고등연구계획국Advanced Research Projects Agency–Energy, ARPA-E'이라는 작은 에너지부 프로그램에서도 찾을 수 있다. ARPA-E는 GPS 및 인터넷 개발에 자금을 지원한 국방부의 연구 보조금 프로그램이었던 국방고등연구계획국Defense Advanced Research Projects Agency, DARPA과 유사한 에너지부의 프로그램으로, 조지 W. 부시 행정부 때 설립되었다. 에너지부 예산에서도 이 프로그램은 연간 3억 달러 정도로, 그렇게 비중이 크지 않았다. 그러나 이 프로그램은 세상을 바꿀지도 모르는, 과학적으로 그럴듯하고 몹시 창의적인 아이디어를 가진 연구원들에게 적게나마 보조금을 주었다. 만약 당신이 햇빛으로 물을 만들 수 있고, 오염된 금속과 흙을 먹을 수 있도록 벌레의 유전자를 조작할 수 있고, 바깥에서 더워질수록 내부가 시원해지는 건축자재를 만들 수 있다고 생각했다면, ARPA-E는 당신을 위한 곳이다. 더 중요한 것은, ARPA-E가 그렇게 생각하는 사람들이 일할 유일한 장소였다는 것이다. 미국에는 언제든지 우리가 알고 있는 삶을 바꿀 수 있는, 대담한 상상력을 발휘하는 매우 똑똑한 사람들이 많이 있다. 그것은 우리 사회의 가장 긍정적인 특징일지도 모른다. ARPA-E의 이면에는 자유시장이 자금 지원을 거부한 아이디어 중 최고의 아이디어를 찾아, 그들에게 기회가 주어졌는지 확인하려는 의도가 숨어 있었다. ARPA-E의 보조금을 받기 위한 경쟁은 치열했다. 100명 중 2명만이 승인을 받았다. 승인하는 사람들은 에너지 산업과 학계 출신이었다. 그들은 정부에서 잠시 근무한 다음, 인텔과 하버드로 돌아갔다.

ARPA-E가 문을 열었을 때, 그 프로그램을 운영한 사람은 아룬 마줌달Arun Majumdar이었다. 그는 인도에서 성장하여 엔지니어링 클래스를 수석으로 졸업하고, 미국으로 건너와 세계적인 재료 과학자materials scientist가 되었다. 그는 현재 스탠퍼드대학에서 강의하고 있지만, 미국의 어느 대학에 가도 바로 자리를 구할 수 있다. 그는 ARPA-E를 운영해 달라는 요청을 받자 교직을 그만두고 워싱턴 D.C.로 이주하여 에너지부에서 일했다. "이 나라는 나를 국민으로 받아들였습니다."라고 그는 말했다. "그래서 나라가 나를 부르자, 거절할 수 없었습니다." 그의 유일한 요구는 에너지부 건물 아래쪽에 있는 작은 사무실에서 이 프로그램을 운영할 수 있게 해달라는 것이었다. 그 이유에 대해 그는 "에너지부의 풍수지리는 정말 나쁩니다."라고 설명했다.

그는 곧바로 우익 싱크탱크의 적개심에 직면했다. 2011년, 헤리티지재단은 ARPA-E를 없애는 자체 예산안을 작성하기도 했다. 미국 정치는 이 인도의 이민자에게 낯설었다. 그는 정당 간의 전쟁을 이해할 수 없었다. 그는 "민주당, 공화당, 이게 뭡니까?"라고 말했다. "그리고, 왜 미국 사람들은 투표하지 않습니까? 인도에서는 투표하기 위해 섭씨 40도에도 줄을 서 있습니다." 그는 헤리티지 예산을 작성한 사람들에게 전화를 걸어, 그들이 무엇을 파괴하려고 하는지 알려주겠다며 그들을 초대했다. 그러자 그들은 반대로 마줌달을 점심에 초대했다. 마줌달은 "그들은 매우 친절했습니다."라며 이렇게 덧붙였다. "그러나 그들은 아무것도 알지 못했습니다. 그들은 과학자가 아니라, 이데올로그였습니다. 그들의 요점은 시장이 모든 것을 책임져야 한다는 것이었습니다. 저는 '실험실에 들어가 제대로 작동할 수도 있지만 그렇지 않을 수도 있는 연구를 하는 것은 시장이 아니라고 말씀드릴 수 있습니다.'라고 대답했습니다."

점심 식사 자리에서 마줌달은 헤리티지재단에 기부한 한 여성을 만나게 되었다. 그는 그녀에게 ARPA-E와 자유 시장에서 초기에 자금을 조달하는 데 실패했던 몇 가지 아이디어에 관해 설명했다. 그러자 그녀는 "당신들은 DARPA 같은 건가요?"라고 물었다. 그는 그렇다고 대답했다. 그녀는 "저는 DARPA의 열렬한 팬입니다."라고 말했다. 알고 보니, 그녀의 아들은 이라크에서 군인으로 복무한 적이 있었는데, 그는 케블라 조끼를 입은 덕에 목숨을 구했다. 바로 그 케블라 조끼를 만들기 위한 초기 연구가 DARPA에 의해 이루어졌다.

헤리티지의 직원들은 실제로 에너지부를 방문하여 ARPA-E가 무엇을 하고 있는지 보는 것이 어떻겠냐는 마줌달의 초대를 거절했다. 그러나 다음번 모의 예산안에서 그들은 ARPA-E에 대한 예산을 다시 상정하였다.

내가 핸포드를 떠났을 무렵, 트럼프 행정부가 에너지부 예산을 공개했다. ARPA-E는 빌 게이츠, 리 스콧Lee Scott 전 월마트 최고경영자, 페덱스의 창업자이자 공화주의자인 프레드 스미스Fred Smith로부터 "지출한 돈을 똑같이 나누어 생각하면, 정부가 ARPA-E보다 더 효과적으로 한 일을 찾기 어렵다."라는 찬사를 받았다. 그러나 트럼프 행정부의 첫 예산안은 ARPA-E를 없앴다. 또한, 크게 성공을 거두었던 700억 달러 대출 프로그램도 사라졌다. 그리고 6천 명의 사람들을 해고할 것을 암시하는 방법으로, 국립연구소에 대한 예산을 삭감하고, 기후 변화에 관한 모든 연구를 중단하게 했다. 공격이나 자연재해로부터 전력망을 보호하기 위한 작업에 관한 예산도 반으로 줄였다. 맥윌리엄스는 예산 삭감에 대해 "모든 위험은 과학에 기반을 두고 있습니다."라고 말했다. "당신이 만약 지도자라면, 과학을 배제한 채 위험을 파악할 수 없습니다. 만약 그렇게 한다면, 당신은 나라를 망치고 있는 것입니다. 만약 당신이 에너지부의 핵심역량을 갉아먹는다면, 그것은 나라를 갉아먹는 것과 마찬가지입니다."

하지만 당신은 그렇게 할 수 있다. 실제로, 만약 당신이 자신만의 특정한 세계관을 고집하려고 한다면, 과학을 갉아먹는 것이 도움이 될 수도 있다. 트럼프의 예산안은, 그 배후에 있는 사회적 세력처럼, 멍청한 상태로 있으려는 비뚤어진 욕망에서 추진되었다. 도널드 트럼프는 이 욕망을 처음 만들어 낸 사람이 아니다. 그는 단지 그 욕망의 결정체일 뿐이었다.

II

인적 리스크

1993년 그의 가족이 파키스탄에서 미국으로 이주했을 때, 알리 자이디는 5살이었다. 후에 그는 맨해튼에서 코네티컷주 그리니치Greenwich로 가는 그리 멀지 않은 이사에도, 자녀들에게 트라우마가 되지 않을까 고민하는 미국 부모들에게 놀랐다. 그의 부모라면 그를 로켓에 태워 달로 쏘아 보냈을지도 모른다. 그리고 알리의 가족들은 아무도 그것에 대해 걱정하지 않았을 것이다. 당시 알리의 아버지는 교육행정을 공부하기를 원했다(알리는 "아버지께선 사람들이 배우러 오는 곳을 운영하는 데 도움을 주는 아이디어를 좋아하셨습니다."라고 말했다). 그는 그를 기꺼이 가르치려는 누군가가 있었던 펜실베이니아주 북서부의 에딘보로대학에서 일하게 되었다. 그래서 알리의 가족은 당시 8백만 이상의 이슬람교도들이 살고 있던 파키스탄의 카라치Karachi를 떠나 7천 명의 기독교인들이 사는 마을로 이사해야 했다. "고향에서 제 가족은 확실히 중상류층이었지만, 미국으로 이주한 뒤에는 중산층으로 진입하기 위해 많은 노력을 해야 했습니다."라고 알리는 회상했다. 에딘보로 사람들은 부유한 편은 아니었지만, 알리는 그의 가족이 대부분의 주민들보다 가난하다는 것을 알게 되었다. "다른 아이들은 학교 급식에 1달러 50센트를 낼 때, 당신은 50센트를 냅니다. 당신은 무슨 일이 일어나고 있다는 것은 알고 있지만, 실제로 그것이 무엇인지 정확하게는 모를 겁니다." 그가 무슨 일이 일어나고 있는지 알아내야 하는 특별한 이유는 없었다. 하지만 가장 놀라운 방식으로, 그는 그것을 알아냈다.

그는 어렸을 때부터 정치에 관심이 많았다. 그것은 그에게 많은 도움이 되었고, 그는 부모로부터 그러한 점을 물려받았다. 알리는 "부모님께선 사회에 대해 이야기하는 데 많은 시간을 보내셨습니다. 선악, 정의, 우리가 사람들에게 신세 진 것에 관해 얘기하셨죠."라고 말했다. 펜실베이니아주 시골에서는 주민 대부분이 공화당 지지자였다. 알리도 자연스럽게 공화당 지지자가 되었다. "저는 개인적 책임을 믿습니다."라고 그는 말했다. "그리고 사람들이 공동체를 위해 무언가를 하겠다는 믿음으로 모이는 것만큼 신나는 일은 없을 겁니다. 나 자신보다 다른 사람을 도우려는 것이죠."라고 말했다. 고등학교 시절, 그는 가난한 아이들을 돕기 위해 '미국의 약속America's Promise Alliance'이라는 청소년보호재단과 '콜린과 알마 파월의 재단Colin and Alma Powell's foundation'에 자원했다. 그리고 그는 조지 W. 부시의 대통령 선거운동을 위해 문을 두드렸다. 그는 육상 선수이기도 했는데, 400미터 경주에 뛰어났다. 그는 총명하고 야심만만했으며, 학교생활도 잘했다. 그는 보스턴으로 떠난 가족 여행에서 하버드를 처음으로 잠깐 구경할 수 있었는데, 그는 학비를 어떻게 낼지는 별로 고민하지도 않고 그 대학에 가겠다고 결심했다. 그의 고등학교 선생님들은 그가 하버드에 지원하는 것을 조금 성급한 결정이라고 생각했다. 그들은 그에게 펜실베이니아 주립대학이나 펜실베이니아대학에 지원하라고 조언했다. 알리는 그들이 자신의 꿈을 낮추려고 한다고 생각했다. 결국 그는 하버드에 지원했고, 오직 하버드에만 지원했다. "이미 한 곳에 지원했는데 왜 또 다른 곳에 지원하려고 돈을 낭비하는 거죠?"라는 이유에서였다.

2008년, 하버드는 알리의 입학을 허가했고, 그에게 재정적인 지원을 제공했다. 비슷한 시기에, 미국의 약속 CEO는 펜실베이니아주 시골 지역으로 와서 자원봉사자들과 만나자고 제안했다. 알리는 그 만남에 참석했고, 그것은 다른 일로 이어졌다. 알마 파월 그룹의 이사회 의장이 그에게 미국의 약속 이사회에 합류할 것을 제안했다. 그 당시 그는 이것이 말도 안 되는 일이라고 생각했다. 미국의 약속 이사회는 공화당 정치계의 거물들과 대기업의 CEO들로 가득했기 때문이다. "저는 제가 그곳에 참석하는 것이 **엄청난 일**이라고 생각했어요."라고 알리는 회상했다. "그분들은 저를 워싱턴 D.C.로 데려가서, **호텔**에 데려다주었지요."

이라크전쟁이 일어났다. 관타나모 수용소 사건Guantanamo Bay이 발생했다. 알리의 동향인 이슬람교도들에 대한 적대감은 다른 곳보다 공화당 내에서 더욱 강하게 나타났다. 그렇지만 알리는 공화당 지지자로 남았다. 허리케인 카트리나Katrina가 걸프만Gulf Coast을 강타한 지 6-7개월 후, 그는 미국의 약속과 함께 그곳을 방문했다. 뉴올리언스에서 그는 상상도 못 했던 빈곤을 목격했다. "주민들은 학교를 재건해야 했고, 그곳에 사는 아이들은 야단스럽게 우리를 반겼습니다."라고 그는 말했다. "저를 놀라게 한 것은 아이들이 학교에 다니는 것을 행복하다고 느끼지 않는다는 것이었습니다. 아이들이 우리를 반겼던 것은, 처음으로 제대로 된 학교에 다닐 수 있게 되었기 때문이었죠." 만약 당신이 알리가 뉴올리언스에 가기 전에 자기 스스로 하지 않는 사람들에 대해 어떻게 생각하는지 물었더라면, 그는 이렇게 말했을 것이다. "우리 부모님은 처음부터 다시 시작해야 했습니다. 뭐가 문젭니까? 그냥 참고 받아들이십시오." 카트리나 이후 만난 아이들의 모습에 그는 깜짝 놀랐다. "그들은 제 마음을 아프게 했습니다. 만약 당신이 유치원에 다니는 아이라면, 최소한 공정한 기회를 보장받아야 합니다. 우리가 사는 환경이 얼마나 많은 기회를 결정할 수 있는지 보는 것만으로도, 눈이 번쩍 뜨였습니다."

이제 그는 가난이 여러 가지 형태로 나타난다는 것을 제대로 이해했다. 그는 운이 좋게도 특별한 부모와 특별한 공동체 속에서 자랄 수 있었다. 그는 그가 처음으로 스파이크를 달고 트랙을 달릴 때를 상기했다. "그냥 트랙 위를 날 듯이 뛸 수 있었습니다." 그가 뉴올리언스에서 본 불쌍한 아이들은 그와 같은 삶을 살아가려고 했다. 하지만 그는 스파이크를 달고 있었고, 그 아이들은 아니었다. "당신이 만약 뉴올리언스의 사람들이 이제 그들의 힘만으로 더 나은 삶을 살 수 있다고 생각한다면, 당신이 거부해야 할 진짜 이상주의가 존재하는 겁니다. 그들에게는 그러한 힘이 없습니다."

그는 대학으로 돌아가 하버드 공화당 클럽Harvard Republican Club에 다시 합류했다. 그의 삶은 겉으로 보기에는 변하지 않았다. 그러나 그의 머릿속에서 이전에는 들리지 않았던 지지직거리는 소리가 들려와, 클럽에서 배우는 정치 프로그램에 집중하기 어렵게 만들었다. 어느 날, 그는 가장 유명한 두 교수인 철학자 마이클 샌델Michael Sandel과 조지 W. 부시 대통령의 경제자문위원회 위원장을 역임했던 경제학자 그레고리 맨큐Gregory Mankiw의 토론에 참석했다. "어떤 사람이 일어나서 '카트리나 이후 가게 주인이 손전등의 가격을 올려도 될까요?'라고 물었습니다. 그레고리 맨큐는 서슴없이 그래도 된다고 대답했습니다." 알리는 자신이 당시 생각했던 것을 기억한다. '그레고리 맨큐는 좋은 사람이다. 하지만 그의 대답은 완전히 잘못되었다. 우리가 사는 세상에는 시장만 있는 게 아니다. 우리에게는 가치관이 있다.' **아, 저는 그때 어쩌면 제가 공화당원이 아닐지도 모른다**는 생각이 들었습니다."

1년쯤 후에 그는 일리노이주 출신의 버락 오바마 상원의원의 연설을 들었다. 그 연설 중 한 줄이 알리의 머리에 꽂혔다. "빈곤은 가족의 가치가 아니다." 이후, 그는 오바마의 선거운동에서 현장 기획자field organizer로 일했다. "제가 가장 크게 실망했던 것은, 그의 선거운동이 약간 진부했다는 것입니다. **하버드식 진보주의**Harvard liberal로 느껴졌거든요."라고 알리가 말했다. "그에 비해 제가 했던 정치 활동은 진부하지 않았습니다."

2년 후, 알리는 하버드를 졸업했고, 그 후 오바마는 미국의 대통령으로 취임했다. 알리는 그가 새 정부에서 아주 직급이 낮다고 해도 최소한 한 자리 정도는 차지할 것을 알고 있었다. "어떤 이유로든 멋있지는 않아도 아저씨들이 우글우글한 곳으로 가야겠다고 마음먹었습니다." 그는 더 나아가 그곳이 바로 백악관 예산관리국Office of Management and Budget이라고 생각했다. 새 행정부에서 그가 첫 번째로 맡은 일은 원로들이 만든 예산 수치를 가져다가 일반인들이 읽을 수 있는 문서로 바꾸는 일이었다.

새 직장에서 그는 농무부Department of Agriculture의 예산을 배정받았다. "저는 농무부가 농부들에게 상품을 재배할 수 있도록 돈을 주는 곳이라고 생각했습니다." 처음으로 그는 미국 정부에 속한 이 부서가 실제로 무엇을 하는지 자세히 살펴보았다. 그는 농무부라는 이름에 심각하게 오해의 소지가 있음을 알게 되었다. 농무부가 하는 일의 대부분은 농업과 거의 관계가 없었다. 예를 들어, 농무부는 1억 9천3백만 에이커의 국유림과 초원을 관리한다. 또한, 이곳은 연간 **90억** 마리의 새를 포함하여, 미국인들이 섭취하는 거의 모든 동물을 검사하는 임무를 맡고 있다. 대규모 과학 프로그램과 소방용 대형 항공기, 2천2백억 달러의 자산을 보유한 은행이 이 부서에 포함된다. 농무부는 메기 양식장을 모니터링하고, 워싱턴 D.C. 본부 내부에 사격장을 보유하고 있으며, 벌들이 갑자기 사라지는 벌군집 붕괴현상을 연구하기 위해 지붕에 양봉장을 두고 있다. 농무부에서 일하는 사람들이 하는 술자리 게임이 있다. '농무부가 그것도 하나요?' 이 게임은 한 사람이 정부의 특이한 기능(예를 들어, 공항 활주로 근처로 몰려드는 캐나다기러기들에게 총을 쏘는 것)을 말하면, 다른 사람이 농무부가 그 일을 하는지 알아맞히는 것이다(예시의 경우에는 농무부가 실제로 하는 일이다).

막대한 연간 예산의 일부(2016년 기준 1,640억 달러)가 실제로 농부들에게 쓰였지만, 이 예산은 빈곤선 근처에 가까운 아이들을 위한 무상 급식을 포함한 미국 시골 지역의 모든 프로그램에 자금을 대고 관리하는 일에도 쓰였다. "저는 농무부 사무실에 앉아서 이걸 보고 있었습니다."라고 알리는 말했다. "미국은 우리 가족이 살던 아파트에 보조금을 지급했습니다. 우리가 이용하는 병원, 소방서, 수돗물, 전기에도 마찬가지였습니다. 농무부는 **제가 먹었던 음식값을 대신 냈습니다.**"

2016년 선거 이후 과도기에 대비하기 위해, 농무부 직원들은 차기 트럼프 행정부를 위한 정교한 브리핑을 준비했다. 그들이 작성한 서면 자료만 해도 2,300페이지에 달했고, 13권으로 묶여 있었다. 농무부에서 일하는 직원들은 대부분 농장 주변 출신이었다. 그들은 자신들의 부서를 멋지고 현실적인 관료 체제라고 생각하는 것을 좋아했다. 또한, 그들은 자신들이 다른 연방기관의 사람들보다 더 초당적이고 덜 이념적이라고 생각했다. "우리는 가능한 한 그들을 환대하려고 계획을 세웠습니다."라고 인수위 계획자transition planner 중 한 명이 말하기도 했다.

"우리는 농무부 사무실 공간이 제대로 정돈되었는지 다시 한번 확인했습니다."

트럼프의 사람들이 자신의 집처럼 편안함을 느낄 수 있도록, 농무부 직원들은 내셔널 몰National Mall에서 가장 경치가 훌륭한 건물인 휘튼Whitten 최상층에 가장 좋은 방을 따로 마련했다. 그들은 농무부가 가진 수집품 중 가장 아름다운 사진들을 창고에서 꺼내어 벽에 걸었다. 그들은 컴퓨터와 사무용품들을 가지고 와서 워크스테이션을 새롭게 구성했다. 그들은 트럼프가 농무부 인수 팀을 이끌기를 원했던 조엘 레프트위치Joel Leftwich가 펩시코PepsiCo의 로비스트였다는 말을 듣고, 펩시콜라로 가득 채운 미니 냉장고 한 대를 들여오기도 했다. 이것이 바로 농무부 직원들의 방식이었다. 그들은 다음과 같이 생각하지 않았다. '우리는 미국 아이들이 먹는 음식에 가장 큰 영향을 미치는 곳에서 일하면서, 어떻게 미국 아이들이 설탕이 든 음료에 중독되게 만든 로비스트를 연방정부에 돌아다니도록 놔둘 수 있을까?' 대신 그들은 이렇게 생각했다. '우리는 그가 좋은 사람이라고 들었어요!'

선거가 끝나고 하루, 그리고 이틀이 지났지만, 아무도 나타나지 않았다. 이것은 정말로 이상했다. 오바마가 당선된 다음 날, 오바마는 부시가 그랬던 것처럼 그의 사람들을 농무부에 보냈다. 이틀이 지나자, 농무부 직원들은 백악관에 전화를 걸어 무슨 일인지 물었다. 이에 대해 한 직원은 "백악관에서는 그들이 월요일에 여기 올 것이라고 말했습니다."라고 회상했다. 월요일 아침에 직원들은 다시금 트럼프의 사람들을 환영하기 위해 기다렸다. 역시 아무도 나타나지 않았다. 물론, 일주일 내내 아무도 오지 않았던 것은 아니었다. 11월 22일, 레프트위치는 약 한 시간 동안 카메오로 등장했다. 인수위 계획자는 "우리는 트럼프를 당선시킨 사람이 미국 농촌 사람들이라고 생각했기 때문에, 그가 우리를 우선순위로 삼을 것이라고 생각했습니다. 그런데 아무 일도 일어나지 않았습니다."라며 의아해했다.

선거 한 달여 만에, 드디어 트럼프 인수위 팀이 모습을 드러냈다. 하지만 그건 팀이 아니었다. 브라이언 클리펜스타인 Brian Klippenstein이라는 한 남자였다. 그는 '수확물 보호Protect the Harvest'라는 단체를 운영하던 사람이었다. 이 단체는 트럼프의 지지자인 인디애나 석유 기업가이자 목장주였던 포레스트 루카스Forrest Lucas에 의해 설립되었다. 이 단체의 명시적인 목적은 '사냥, 낚시, 농사, 육식, 그리고 동물을 소유할 권리를 보호하는 것'이었다. 실제로 이 단체는 주로 동물을 소유한 사람들이 동물에게 끔찍한 짓을 저지르는 것을 막기 위한 목적으로 설립된 '동물 애호회Humane Society'와 같은 단체들을 악마화했다. 그들은 사람들이 동물들에 친절하도록 강요당한다면, 언젠가 육식을 거부하지 않을까 걱정했다. 〈내셔널지오그래픽National Geographic〉에 동물 복지에 관해 자주 글을 기고하는 레이첼 베일Rachael Bale은 "이 단체는 이상합니다."라고 말하기도 했다.

농무부의 많은 업무 중 하나는 사람과 동물 사이의 갈등을 단속하는 것이다. 농무부는 동물을 학대하는 사람들에 대해 법적 조치를 취했고, 그래서 어쩌면 동물들의 복지에 무관심한 사람을 보낼 만한 이상적인 장소는 아니었을지도 모른다. 클리펜스타인이 하나의 문제에만 이상할 정도로 집중했음에도 불구하고, 농무부는 언론에 정보를 유출하거나 항의의 뜻으로 사직서를 제출하지도 않고 침착함을 유지했다. 그가 집중했던 문제는 동물 학대가 아니라, 바로 기후 변화였다. "그는 기후 변화와 관련된 농무부의 모든 것을 알고 싶어 했습니다."라고 전 농무부 직원이 말했다. "그것이 그가 집중하고 싶어 했던 것입니다. 그는 그 일을 하는 사람들의 명단을 원했습니다." 인수위를 관리하던 직원은 클리펜스타인에게 명단을 밝히기를 정중히 거절했지만, 그는 그 부탁을 거절했다고 해서 직원에게 악의를 보이지는 않았다고 말했다. 클리펜스타인이 이 인수위가 끝나자마자 바로 미주리주에 있는 자신의 작은 가축 농장으로 돌아갈 것이라는 이야기를 듣고, 모든 사람이 안심했다. 그가 내린 결정에 축복을! 농장의 모든 것이 정상화될 것이다!(그리고 당신은 조 삼촌이 자신이 가장 아끼는 양과 단둘이 있는 것을 왜 좋아하는지 신경 쓰지 않아도 될 것이다).

클리펜스타인이 농무부 내부의 모든 직원과 소통하기에 불가능한 위치에 있다는 것은 명백했다. 아무도 이 부서에서 하는 모든 일에 관심을 기울이지 않았다. 취임식을 불과 2주 앞

두고, 클리펜스타인은 다른 3명의 트럼프 사람들과 합류했다. 이 4인 팀은 약 10만 명의 농무부 직원들 중 일부와 함께 앉아 그들이 하는 말을 듣는 쇼를 벌였다. 이 브리핑은 그들의 명성에 걸맞은 것처럼 보였다. 농무부의 방대한 과학연구 팀에 대한 전체 소개는 한 시간 동안 계속되었다. "대부분의 연방기관에서 이것을 실질적인 브리핑이라고 보기는 어려울 겁니다."라고 이 과정을 자세히 지켜본 전 백악관 고위 관리는 말했다. "그 브리핑은 기본적으로 보여주기 위한 것이었습니다. 트럼프 정부로 정권 교체를 하면서, 자신들이 뭔가 하고 있다고 말하려고 이 팀을 보낸 것입니다."

농무부는 보통 취임식 날에는 문을 닫는다. 이곳은 연방기관 중 유일하게 몰에 사무용 건물을 가지고 있는데, 옛날에는 실험용 농장이 있었던 곳이었다. 이 건물은 현재 주방위군National Guard과 비밀경호국의 취임 준비 장소로 사용된다. 취임식 직전, 트럼프 대리인이 농무부에 전화를 걸어, 서른여 명의 신규 인력을 보낼 테니 건물이 개방된 상태를 유지하길 바란다고 밝혔다. 왜 갑자기 그런 명령을 내렸을까? 왜 정부는 아무도 일하지 않는 날에 연방 건물이 생동감 있게 보이기 위해, 불을 켜고 식당에 직원을 배치하는 등의 고생을 하도록 강요했을까? 지붕에 저격수들이 있고 지하철역이 폐쇄되어, 건물 안으로 사람들을 들이는 것조차 어려울 게 뻔했다. 한편, 오바마 인수위의 한 관계자는 어떻게 새로운 임명자들이 대통령 인사실Office of

Presidential Personnel에 의해 그렇게 빨리 자격을 검증받을 수 있었는지 궁금해했다. 9개월 후, 〈폴리티코〉에서는 새로운 임명자들에 대한 충격적인 이야기를 공개했다. 〈폴리티코〉의 기자인 제니 홉킨슨Jenny Hopkinson은 트럼프가 지명한 사람들의 이력서를 입수했다. 트럼프 행정부는 연봉이 8만 달러에 가까운 농무부의 업무를 맡을 적임자로 장거리 트럭 운전사, AT&T의 직원, 가스회사 가스 검침원, 컨트리클럽 카바나의 종업원, 공화당전국위원회Republican National Committee 인턴, 향초회사 사장 등을 지명했으며, 이력서에는 '명랑한 태도' 같은 모호한 평가를 기재했다. 홉킨슨은 "많은 경우에, 이 새로운 임명자들은 농업에 근간을 두었다고 말할 수도 없고, 연방 정책에 대한 경험도 거의 또는 전혀 없었다. 이들 중 일부는 정부 고액 연봉을 받는 데 필요한 대학 학위와 같은 자격도 부족한 것으로 보인다."라고 밝혔다. 그녀는 이 사람들의 공통점이 도널드 트럼프에 대한 충성심이라고 지적했다.

그들이 온 지 9개월이 지난 후, 나는 한 관계자에게 마구잡이로 이루어지는 교체로 인해 농무부의 모든 경력 직원들이 우왕좌왕하고 있다는 소식을 들었다. 트럼프의 사람들이 남긴 몇 개의 족적은 기이했다. 그들은 오바마 행정부와 가깝다고 생각되는 몇몇 고위직 공무원들에게 공식적으로 서신을 보내, 그들이 잘하는 일에서부터 거의 알지 못하는 일에 이르기까지 전면적으로 재배치될 것이라고 말했다. 그리고 그들은 농무부 직원들에게 '기후 변화'라는 문구를 사용하지 말라고 지시했다. 그들은 노점 서커스, 강아지 공장, 연구실과 같이 동물들을 학대하는 업체에 대한 조사 보고서를 부서의 웹사이트에서 삭제했다. 〈내셔널지오그래픽〉의 기자들이 농무부에 연락해서 동물 학대 문제에 대해 어떻게 진행되고 있는지 물어봤을 때, "그들은 이 모든 정보가 공개되었다고 말했습니다. 하지만 우리는 정보 공개법FOIA에 따라 자료를 요청해야만 했습니다."라고 레이첼 베일은 말했다. "우리가 자료를 요청하자, 그들은 우리에게 완전히 검게 칠한 1,700페이지를 보냈습니다."

내가 트럼프 사람들이 무시해 버린 브리핑에 대해 조사하러 갔을 때는 늦여름이었다. 상원 인준이 필요한 농무부의 14개 고위직 중 단 한 자리만 채워져 있었다. 전 조지아주 주지사 소니 퍼듀Sonny Perdue는 4월에서야 농무부 장관으로 임명되었다. 어떤 주제에 대한 트럼프의 관심이 어떠한지를 그가 각료들을 임명하는 속도로 판단하자면, 농무부는 대통령의 머릿속에서 극히 작은 몫을 차지했다.

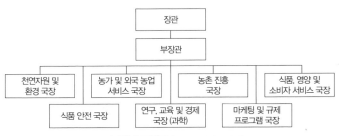

농무부 조직도 (트럼프 행정부 이전)

어쨌든, 나는 과거 행정부에서 이 부서를 운영했던 전직 장차관과 많은 대화를 나누었다. 그들의 의견은 같았다. 농무부의 세부 사항을 빠르게 파악하는 가장 좋은 방법은 조직도의 일곱 개의 작은 부서를 살펴보는 것이다. 예를 들어, 라구아디아공항 LaGuardia Airport 활주로 부근에 어슬렁거리는 거위들로 인해 비행기가 허드슨강Hudson River에 추락해 영화의 주요 소재가 될 가능성을 알고 싶다면, 미국에서 사람과 동물 사이에 벌어지고 있는 난해한 일련의 갈등을 처리하는 동식물검역소Animal and Plant Health Inspection Service를 감독하는 '마케팅 및 규제 프로그램'을 담당하는 국장이나 부국장을 찾아가면 된다(사람들은 동물에게 자기 맘대로 구는 경향이 있다). 농부들이 연방 원조 중 어디에 가장 많이 의존하고 있는지에 관한 최신 정보를 원한다면, '농가 및 외국 농업 서비스'라고 표시된 작은 부서를 관리하는 사람들을 만나길 바란다.

부장관과 국장이 공직을 차지하고 있지만, 그들은 실제로 공인이 아니다. 부서 밖에서는 아무도 그들의 이름이나 얼굴을 알지 못한다. 그리고 그들의 작은 부서는 행정부의 변덕과 어리석음에 똑같이 취약하지는 않다. 현재 가장 큰 문제는, 적어도 내가 보기에는, 이 작은 부서 중 과연 어디에서 방치나 잘못된 관리나 악의로 인해 일어날 수 있는 가장 큰 피해가 발생하는가이다. '천연자원 및 환경'이라고 적힌 작은 부서를 예로 들면, 이 부서는 이름처럼 추상적이지는 않다. 이 부서는 약 4만 명의 사람들을 고용하고 있으며, 산림청Forest Service을 포함하고 있다. 이 부서에서 관리하는 1억 9천3백만 에이커의 숲과 초원은 기후의 미래에 있어 중요하다. 가장 최근에 국장직을 맡았던 로버트 보니Robert Bonnie는, 그의 상관 중 한 명이 내게 "우리가 여태껏 임명했던 국장 중 가장 최고의 국장일 수도 있습니다."라고 평가한 사람이다. 보니는 매우 흥미로운 인물이었고, 그는 트럼프 행정부가 그의 이전 부서에 무엇을 할 것인가에 대한 걱정으로 가득 차 있었다. 하지만 내가 그에게 그의 가장 큰 걱정이 무엇이냐고 질문했을 때, 그는 '산불'이라고 말했다.

당신이 모든 것에 대해 걱정한다면, 결국 당신은 아무것도 해결하지 못하게 될 것이다. 트럼프 행정부의 입장에서는 연방 직원들이 기후 변화가 가져올 결과에 대처하는 것을 막는 것보다 그들이 '기후 변화'라는 표현을 쓰지 못하도록 하는 것이 더 쉬웠다. 산림청의 직원들은 의회에 직통으로 연결되어 있기 때문에, 다른 많은 부서처럼 백악관의 영향력을 크게 받지는 않았다. 농무부가 하는 일 중 가장 눈에 띄는 것은 산불 진화다. 산불이 일어나는 장소는 CCTV가 작동하지 않는 곳이기 때문에 우리 정부에서 가장 걱정해야 하는 일임은 분명하다.

알리 자이디는 내게 농무부 안에 있는 일곱 개의 작은 부서에 백악관의 영향력이 똑같이 미치지는 않는다고 처음으로 지적했다. 훨씬 더 중요한 백악관 내 자리로 옮기기 전 2년 동안 예산관리국에서 일했기 때문에, 그는 이 사실을 잘 알고 있었다. 그는 원로들이 그가 얼마나 어린지를 잊게 만드는 재능을 가진 젊은이 중 하나였고, 보통 중년 이상의 직원이 맡을 수 있는 중책을 맡았다. 2014년, 그는 27세의 나이에 미국항공우주국NASA, 에너지부, 내무부, 환경보호청Environmental Protection Agency 등의 예산과 함께 농무부의 전체 예산을 감독하는 전문가 팀을 맡았다. 그는 자신의 유년 시절을 뒷받침해 준 연방 부서에 완전히 마음을 쏠 수밖에 없었다. 그러나 그것은 쉽지 않았다. "모든 예산 중에서, 농무부의 예산이 가장 이상하게 짜여 있습니다." 라고 그가 말했다. 첫 번째로, 농무부가 너무나도 다양한 일을 했기 때문에 이상했다. 두 번째로, 너무나 많은 미국인이 그들의 삶을 얼마나 농무부에 의존하는지 전혀 몰랐기 때문에 이상했다. 마지막으로, 누군지 알 수도 없는 공무원들에 의해 낭비되는 엄청난 예산 때문에 이상했다. 만약 당신이 농무부 내부에서 일어날 수 있는 문제에 예산이 낭비되지 않는 방법을 찾아냈다면, 당신은 케빈 콘캐넌Kevin Concannon이 운영하는 부서에서 일할 수 있었을 것이다.

———

나는 메인주Maine의 숲에서 콘캐넌을 찾았다. 전화상으로 그는 경력의 대부분을 여러 주를 위해 '건강과 영양 서비스'를 운영하면서 보냈다고 말했다. 2008년에 그는 은퇴한 이후로 아내와 함께 이곳에서 살았다. 숲은 바다 가까이에 있었고, 그래서 그들은 작은 보트를 구매했다. "저는 은퇴 이후 약간 우울하다고 느꼈습니다."라고 그가 말했다. "우리는 보트를 샀습니다. 그러나 배를 탄 지 2주가 지나자 우리는 '좋아, 이제 무엇을 해야 하지?'라고 말하게 되었습니다. 저는 빨리 은퇴하고 싶다고 말하는 사람들을 이해할 수 없습니다. 감옥에서 사는 것이나 마찬가지입니다." 그런 생각을 한 지 얼마 되지 않아, 그는 새로 임명된 농무부 장관인 톰 빌색Tom Vilsack에게서 걸려온 전화를 받았다. "저는 여러 가지 이유로 그를 고용하려 했습니다."라고 빌색이 말했다. "하지만 첫 번째 이유는 그가 보여준 열정이었습니다."

콘캐넌은 일흔이 넘었지만, 공직으로 다시 돌아와 '식품, 영양 및 소비자 서비스'라는 농무부 내부의 부서를 맡았다. 2017년 1월, 트럼프의 사람들이 마침내 농무부에 도착할 때까지, 그는 그곳에서 열심히 일했다. 농무부에서 일하는 8년 동안, 콘캐넌은 미국의 학교 점심 프로그램, 임부·산모·아이들이 적절한 영양을 섭취하도록 보장하는 프로그램, 기아를 완화하기 위해 고안된 12개 정도의 소규모 프로그램들을 감독해 왔다. 이 모든 프로그램은 농무부 예산의 약 70%를 차지했다. 그는 납세자들의 세금으로 사람들을 먹여 살리는 데 1조 달러의 대부분을 썼지만, 철저히 익명을 유지했다. 그는 "우리 부서 직원들은, 건물

밖에서 관광객들을 붙들고 우리가 이 안에서 무엇을 하고 있는지 말해주면, 대부분이 우리가 그 일을 하고 있는지 모를 것이라고 말하곤 했습니다."라고 말했다.

그는 트럼프 행정부의 인수인계를 준비하는 데 도움을 주었지만, 실질적으로 인수인계는 일어나지 않았다. 그는 그것과 관련된 사람을 단 한 번도 만난 적이 없었다. 또한, 트럼프의 사람들은 인수인계를 위해 자신들에게 보고하는 농무부 직원들과 대화하려고 애쓰지도 않았다. 그래서 콘캐넌이 내게 전화로 말했던 것처럼, "그들은 영양에 관심을 두지 않았습니다."라고 표현하는 것이 타당해 보였다. 트럼프의 사람들은 휘튼 빌딩 밖에 있는 관광객들과 별 차이가 없었다.

콘캐넌의 집은 울창한 나무 덕분에 도로에서 숨겨져 있어서, 처음 이 집을 방문하는 사람들은 놀라움을 금치 못한다. 그 역시도 놀라운 인물이었다. 나는 자신이 얼마나 중요했는지를 조금이라도 알리고 싶어 하는 노인을 만날 것이라 생각했다. 그리고 나는 그에게 답답한 관료주의의 흔적이 조금이라도 남아 있을 것이라 예상했다. 대신 나는 수염을 깎고 평범한 사람으로 변장한 레프러콘(leprechaun, 아일랜드 민화에 나오는 남자 모습의 작은 요정)이 은퇴 후 사는 집을 가로질러 가는 나 자신을 발견할 수 있었다. 그는 나를 자리로 안내하며 "미디어는 제 인생에서 그다지 중요하지 않았습니다."라고 웃으면서 말했다. "이건 제게 새로운 경험입니다!" 초가을의 추위에 노출된 채로, 우리는 뉴잉글랜드 지역에서 가장 즐겨하는 야외 사교 게임을 했다. 바로 누가 먼저 추위를 참지 못하고 안으로 들어가자고 항복할지를 겨루는 것이다.

내가 그에게 가장 큰 걱정이 무엇인지 묻자, 그는 즉시 '푸드 스탬프 프로그램Food-Stamps Program'이라고 말했다. 트럼프 정부는 향후 10년 동안 푸드 스탬프의 예산을 25% 이상 삭감하는, 자국민에게 최소한의 영양분을 공급해야 한다는 개념을 깡그리 없애버릴 수 있는 정책안을 제시했다. 트럼프 정부의 예산안은 어디까지나 제안에 불과했고, 의회가 항상 이에 맞서 싸울 수 있기 때문에 적어도 당장 시행될 것 같지는 않다. 그러나 그것은 트럼프의 정책 방향, 그리고 아마도 국민들의 인식의 변화를 시사했다. "왜 사람들이 가난하거나 성공하지 못한 사람들에 대해 끊임없이 보내는 메시지들을 푸드 스탬프 프로그램에도 보내는 것일까요?" 우리가 의자에 앉아 있을 때 콘캐넌은 이렇게 묻고는 그가 던진 질문에 스스로 대답했다. "당신이 언제 의사에게 진료받고, 정부에게 돈을 지급받는지 아무도 모릅니다. 하지만 이 카드나 쿠폰을 사용하는 당신을 본다면, 사람들은 바로 눈치챕니다. 사람들은 저에게 '누군가가 푸드 스탬프로 **버터를 사는 것**을 보았어요.'라고 말할 것입니다. 그리고 저는 '음, 그래요.'라고 대답해야 하지요."

그는 자신의 예전 업무를 이어받은 사람은, 비록 프로그램에 그 어느 때보다 적은 수의 부정행위가 벌어지고 있다고 하더라도 특히 이 부정행위에 대해 경계할 필요가 있다고 설명했다. 2015년 푸드 스탬프 프로그램의 실제 부정행위는 700억 달러 중 5%를 차지했다. 사람들은 여전히 그들의 수입을 축소하여 신고하는데, 만약 그 부정행위에 성공하면 복지 혜택을 받을 수 있기 때문이다. 그리고 사람들은 가끔 푸드 스탬프를 액면가 이하로 현금이나 부적격 상품으로 교환하는 '밀거래'를 하기도 한다(가게 주인은 허위로 구매를 하고, 정부가 그에게 지불하는 보조금과 푸드 스탬프를 판매한 사람에게 그가 지불한 금액의 차액을 챙긴다). 그리고 다른 지역보다 일부 지역에서 부정행위 가능성이 훨씬 더 크다. 콘캐넌은 "다코타주the Dakotas에 사는 사람들은 모두 보이 스카우트와 걸스카우트 같죠."라고 말했다. "하지만 마이애미나 오하이오주 콜럼버스Columbus를 한번 보세요." 만약 푸드 스탬프를 PIN(Personal Identification Number, 개인 식별 번호)이 있는 카드로 교체한다면 부정행위, 절도가 훨씬 덜 발생할 것이다. 농무부는 의심스러운 패턴이 보이는 식품 구매 데이터를 검색하기 위해 전문가를 고용한다. 하지만 그들이 무엇이 문제인지 발견했을 때 증거를 모으기 위해서는, 100명의 농무부 소속 푸드 스탬프 비밀 조사관 중 고작 한 명을 보낸다.

나는 잠시 받아 적기를 멈추고 그를 올려다보았다. "혹시 농무부가 사설탐정을 고용하고 있습니까?"

"그들은 사설탐정보다는 콜롬보 형사(미국 드라마 '형사 콜롬보'의 주인공으로, 살인범을 찾아내는 데 천부적인 재능을 가지고 있다)에 더

가깝습니다."라고 그가 말했다.

하지만 이것이 그의 요점은 아니다. 실제로 부정행위는 비교적 드물지만, '부정행위 사례가 많은 언론의 관심을 끌고, 서퍼 듀드Surfer Dude처럼 큰 영향을 미칠 수 있다.'라는 것이 그의 요점이었다. 서퍼 듀드는 하루 종일 서핑을 할 때 필요한 쿠션을 푸드 스탬프로 구매한다고 폭스 뉴스에서 주장한 샌디에이고의 한 남자였다. 방송국이 그걸 덥석 물었고, 그것이 문제였다. 부정행위에 대한 왜곡된 언론 보도는 이 사업 전체에 대한 정치적 저항을 야기했다. 트럼프 행정부에서 대놓고 "우리는 아이들과 노인들을 굶주리게 하고 싶습니다."라고 말할 것 같지는 않다. 하지만 분명히 그들은 이 프로그램을 너무 미숙하게 운영해서 정치적 지지를 잃을지도 모른다. 그리고 그 결과, 아이들과 노인들은 굶주리게 될 것이다.

콘캐넌은 내게 이 프로그램이 필요한 사람들이 얼마나 위태로운지를 명심해야 한다고 말했다. "저는 저를 위해 일하는 사람들에게 다음과 같이 말하곤 했습니다. 당신은 그것의 혜택을 받는 단 한 명의 사람도 만날 수 없을지도 모릅니다. 당신은 아마도 유아들이 음식을 먹는 모습이나 직장을 잃은 가족들의 모습을 볼 수 없을 것입니다. 그러나 그들이 밖에 있다는 것을 명심한다면, 그것은 여러분이 일을 더 잘하도록 동기를 부여할 것입니다."

이제 이 동기 부여 문제는 내가 지금 조사하고 있는 문제의 중간쯤에 있다는 생각이 든다. 왜 누군가가 연방정부 안에 있는 이 작은 부서 안에 들어가 일을 하는 걸까? 이 질문에는 항상 답이 있었다. 그리고 이것은 분명히 중요하다. 한 사람이 그가 하는 일을 왜 하는지에 대한 대답은 그가 그것을 하는 방법에 큰 영향을 미치기 때문이다. 그런데 거의 1조 달러를 썼던 케빈 콘캐넌은 한 번도 그런 질문을 받은 적이 없었다.

그는 그 질문에 대한 답을 가지고 있었다. 그는 메인주 포틀랜드Portland에서 7명의 자녀를 둔 노동자 계급 가정에서 자랐다. 그의 형은 정신 분열증을 앓고 있었다. 아일랜드 출신 이민자인 그의 부모는 아이의 병에 책임이 있다는 생각에 자신들이 무능하다고 느꼈다. "양육 대 천성에 대한 당시의 고정 관념은 매우 강했습니다."라고 그는 말했다. 그러던 어느 날, 기적과도 같이, 행정부에서 나온 한 쌍의 베테랑 사회복지사들이 그들의 집을 방문했다. 그들은 그의 형에게 새로운 약을 투여해서 그의 증상을 완화시켰다. "그들은 제 부모님에게 형이 이 병에 걸렸다는 사실이 그들이 그를 양육하는 방법과 아무 관련이 없음을 이해하도록 도와주었습니다."라고 콘캐넌은 회상했다. "운이 좋았습니다."

이 정부에서 온 천사들이 그의 가족의 삶에 끼친 영향은 놀라웠다. 1959년 콘캐넌이 대학에 진학할 무렵, 그는 그런 종류의 일을 하는 것이 어떨지 관심을 가졌다. 대학에서 그는 마이클 해링턴Michael Harrington의 미국 빈곤층의 삶을 다룬 이야기를 읽고, 존 F. 케네디의 취임 연설을 들으며 공공 서비스가 필요함을 깨달았다. 졸업할 무렵, 그는 자신이 무엇이 되고 싶은지 깨달았다. 14년 후, 그는 메인주의 정신 건강 서비스를 운영하고 있었다.

그가 했던 일이 충분히 효과적이었다는 것은 다른 주에서 그를 영입했다는 것에서 증명된다. 1987년 그는 오리건주에서 '정신 건강 및 발달 장애 프로그램'을 운영하는 일을 했다. 그가 새로운 일을 시작한 지 4개월 만에, 오리건주 주지사 닐 골드슈미트Neil Goldschmidt가 복도에서 그를 붙잡았다. "그는 제게 기자실로 가라고 말했습니다. '지금 새로운 휴먼 서비스human service 책임자를 발표하고 있습니다.'라고 그가 말했고, 저는 '그 책임자가 누굽니까?'라고 물었습니다. 그러자 그는 '당신입니다!'라고 대답했습니다."

오리건주의 영양 프로그램 책임자로서, 그는 배고픈 사람들을 기꺼이 먹이려는 국가의 의지가 배고픈 사람들이 항상 음식을 먹을 수 있다는 것을 의미하지는 않는다는 것을 알게 되었다. 연방정부는 그 혜택을 이용할 수 있도록 하지만, 그것을 관리하는 일은 주(州) 정부에 맡긴다. "당신이 가난하다면, 당신이 이 나라 어디에서 사는지에 따라 큰 차이가 날 것입니다."라고 콘캐넌은 말했다. "날씨뿐만이 아닙니다. 혜택을 받기 위해 사람들이 작성해야 하는 60-70페이지 분량의 문서가 있다고 생각해 보십시오. 그 과정에서 가난한 사람들은 쉽게 지쳐버릴 수 있습니다." 이 점에서, 조지아주는 대개 문제가 있었다. 텍사스주도 마찬가지였다. "만약 그들이 음식 프로그램을 운영하는 방식으로 축구팀을 운영한다면, 그들은 축구팀 감독을 해고할 것입니다."라고 콘캐넌은 말했다. 와이오밍주의 한 의원은 그가주의 영양 프로그램을 얼마나 엉망으로 만들어 왔는지에 대해자랑스러워하며 "우리는 연방정부가 요구하는 최소한도의 일을 하는 것에 자부심을 느낍니다."라고 말하기도 했다. 애리조나주의 한 하원의원은 푸드 스탬프 혜택을 받는 사람들이 사용하는 카드를 눈에 잘 띄는 오렌지색으로 만들어, 식량뿐만 아니라 수치심도 같이 줄 것을 제안하기도 했다. 2016년 노스캐롤라이나주에서는 여러 자치주가 극심한 홍수를 겪은 뒤, 주 정부에서 가난한 사람들에게 식사와 투표 중 하나만 선택하게 하려고 대통령 선거 당일에 '연방 재난구호 식량혜택 카드'를 배포하려 하기도 했다. 캔자스주에서, 콘캐넌은 주 정부의 푸드 스탬프 프로그램을 감독하는 담당자에게 그가 어떻게 오리건주에서 굶주리고 있는 사람들이 그가 운영 중인 프로그램에 쉽게 접근할 수 있도록 만들었는지에 대해 설명했다. "그 담당자는 이렇게 말했습니다. '이런, 우리가 그렇게 한다면 더 많은 사람이 문으로 들어올 텐데요.' 그래서 저는 '그렇죠, 하지만 그게 옳은 것 아닌가요?'라고 물었습니다."

콘캐넌은 오리건주에서 자신이 하는 일을 단순하게 생각했다. '혜택을 받을 자격이 있는 사람들이 더 쉽게 이용할 수 있도록 한다. 문서주의는 최소화해야 한다. 프로그램을 홍보해야 한다. 그들을 의심하는 문화에서 동정하는 문화로 바꿔야 한다.'

주지사의 요청에 따라, 그는 공중 보건 및 영양 프로그램의 모든 것을 운영하기 위해 오리건주에서 다시 메인주로 돌아왔다. 그곳에서 그는 다시금 결핍을 찾아 없애는 그의 특별한 재능을 보여주었다. 예를 들어, 그는 메인주의 많은 주민이 건강보험에 가입하지 못해서 처방받은 약을 살 여유가 없다는 것을 알게 되었다. 메인주 북부에서, 사람들은 국경을 넘어 캐나다로 건너가서 같은 회사의 같은 약을 아주 적은 비용으로 살 수 있었다. 그는 그 상황이 터무니없고 경제적으로도 비효율적이라고 생각했다. 이 상황을 타개한다면, 사람들이 뇌졸중을 예방할 수 있도록 돕고, 뇌졸중을 앓고 난 후 그들을 돌보는 데 드는 훨씬 더 큰 비용을 낭비하지 않을 수 있었다. 그는 '메인 Rx'라는 프로그램을 만들어, 빈곤선을 훨씬 웃도는 사람들에게까지 더 싼 약값을 적용했다. 3개월 만에 10만 명이 가입했다(제약회사는 이에 이의를 제기하여 대법원까지 가서 프로그램의 일부 변경을 요구했다. 이제 이 프로그램은 '메인 Rx 플러스'라는 이름으로 불린다).

2003년, 아이오와주 주지사인 톰 빌색의 요청으로, 그는 메인주를 떠나 아이오와주로 향했다. 그곳에서 6년 동안, 그는 푸드 스탬프 혜택을 받는 아이오와주 주민의 수를 68%까지 늘렸다.

이 밖에도 더 있었다. 하지만 시간이 늦어지고 있었다.

"추우세요?" 나는 내심 그가 항복하기를 바라면서 물었다.

"아뇨."라고 그가 말했다. "하지만 당신이 그렇다면⋯⋯."

우리는 안으로 들어가 부엌 테이블로 자리를 옮겼다. 그는 갓 구운 바나나빵 한 접시를 내 앞에 놓았다. 나는 그것을 응시하지 않으려고 노력했다. 바나나빵이 말라비틀어졌다면 내가 먹으려 들지 않았을 테지만, 촉촉하고 끈적끈적한 바나나빵은 참기 힘들다. 그가 내온 바나나빵은 반짝반짝 빛났다.

그의 사업 전체를 단 한 줄로 폄하하려는 사람들이 있다. 그들은 왜 내가 힘들게 번 돈으로 다른 사람을 먹여 살려야 하냐고 묻는다. 그들은 케빈 콘캐넌을 '거저 주는 것'의 왕이자 게으름과 나태함의 촉진제라고 보았다.

하지만 그가 8년 동안 운영한 프로그램은 사실상 결백하다. 평균적으로 복지 혜택에 쓰이는 돈은 한 끼에 1달러 40센트에 불과하다. 이 돈의 87%는 아동, 장애인, 노인이 있는 가정에 쓰인다. "우리가 이 사람들에게도 일을 부려 먹겠다고 생각하는 것은 말도 안 됩니다." 또한, 푸드 스탬프를 소지한 신체 건강한 성인들은 적어도 일주일에 20시간 동안 일을 하거나 직업 훈련에 참여해야 한다. 미국의 민간 푸드뱅크들은 매년 약 80억 달러의 식량을 배급한다. 700억 달러의 식량은 푸드 스탬프를 통해 공급된다. 민간 자선단체만으로는 식량이 필요한 모든 사람을 먹여 살리지 못한다. 이 프로그램의 문제는 사람들이 부정행위를 저지른다는 것이 아니다. 이 프로그램의 진짜 문제는 프로그램의 혜택을 받아야 할 사람들이 받지 못한다는 것이다.

케빈 콘캐넌은 이 문제를 해결하기 위해 많은 노력을 했다. 그는 이 프로그램의 혜택을 받을 자격이 있는 가난한 사람들의 참여율을 72%에서 85%까지 올렸다. 그리고 그는 부정행위를 사상 최저로 줄였다. 그러나 푸드 스탬프 프로그램에 대한 헛소문(예를 들어, 푸드 스탬프가 카지노에서 사용되거나 술과 담배를 사는 데 사용될 수 있다는 등)은 계속 남아 있었다.

나는 바나나빵 한 조각을 집으려고 손을 뻗었다. 그러면서 "다른 걱정은 없으십니까?"라고 물었다.

"학교 영양"이라고, 그는 지체 없이 말했다.

취임 일주일 후, 소니 퍼듀는 버지니아주 리스부르크Leesburg의 한 학교에서 공개 행사를 열었다. 오바마 행정부는 20년 만에 처음으로 3천만 명의 미국 학생들을 위해 급식의 영양 요건을 높이도록 추진하는 데 성공했다. 학교에서 제공하는 급식에 대한 연방 보조금을 받으려면, 학교는 이제 무관심하지 않고 책임감 있는 부모처럼 행동해야 했다. 더 많은 통곡물, 더 많은 과일과 채소, 더 적은 나트륨, 인위적으로 단맛을 가미하지 않은 우유를 제공해야 했다. 콘캐넌은 집에서 식사하지 못하는 아이들을 위해 아침 식사 프로그램을 확장했고, 이 프로그램에서 제공되는 급식 역시 더욱 영양가가 높아졌다. "아이들에게 팬케이크와 핫도그만 먹일 수는 없습니다."라고 그가 말했다.

학교에 급식을 제공했던 대기업들은 반격을 가했다. 과일과 채소보다 팬케이크와 핫도그를 제공하는 것이 그들에게 더 이득이었다. 하지만 2016년 말, 미국의 어린이들은 2008년보다 더 잘 먹고 있었다. "98%의 학교가 새로운 기준을 충족하고 있었습니다."라고 콘캐넌은 말했다. "그리고 그렇지 못한 학교에는 '우리가 당신을 돕겠습니다!'라고 약속했습니다."

리스부르크에 있는 학교에서, 퍼듀는 농무부가 더는 학교 급식에 통곡물 기준 또는 새로운 나트륨 기준을 충족하도록 요구하거나, 인공적으로 단맛을 가미한 우유를 금지하지 않을 것이라고 발표했다. 이런 변화들은 사소한 것처럼 들리지만, 이것이 불러올 위험은 엄청나다. 이것은 미국의 학생들이 어떤 우유를 마시는지에 관한 문제일 뿐만 아니라, 우리 사회가 마시게 될 우유를 결정하는 과정에 관한 문제이다. 이것이 과연 유제품 산업과 스낵식품 산업에 의해 주도될까, 아니면 영양학자들에 의해 주도될까?

콘캐넌은 퍼듀의 연설에 크게 실망했다. 그는 그 연설이 아이들의 복지에 관한 관심이 아닌, 오로지 정치적인 의도에서 나왔다고 보았다. "생각해 보세요. 당신은 직업을 가진 사람을 신뢰할 수 있습니다."라고 그는 말했다. "왜냐하면 그들은 욕심에서 대부분 벗어난 상태이기 때문이죠. 그들은 자신들이 하는 일을 믿습니다." 그를 대신할지도 모르는 새로운 공직자에 대해서 그는 그렇게 확신하지 못했다. 문제는 동기 부여였다. 왜 그들은 농무부에 일하러 왔을까? 콘캐넌의 작은 부서 안에서 일했던 사람들은 식품 산업에 종사하는 한, 그 부서 밖에서 일한다면 훨씬 더 많은 돈을 벌 수 있었을 것이다.

나는 바나나빵 두 조각을 우적우적 먹으며 콘캐넌의 집을 둘러보았다. 그의 경력은 끝났다. 그는 50년의 공직 생활 중 대부분을 가난한 사람들의 고통을 완화시키기 위해 공적 자금을 사용했을 것이다. 그는 거의 1조 달러의 정부 지출을 관리했다. 그러나 그의 집은 수수했다. 그는 10년 된 볼보를 운전했다. 그는 각 주를 전전했고, 그때마다 공직에 종사하는 영예를 안았다. 그 명패들은 그의 차고에 쌓여 있었다. 그의 집에는 그것들을 전시할 만한 충분한 공간이 없었기 때문이다.

케빈 콘캐넌의 놀라운 점은 그가 어떤 이유로든 자신을 팔지 않기로 한 것이다. 그는 약품이나 식품회사 로비로 자신의 몸값을 비싸게 책정할 수도 있었지만, 민간 부문에서 일한 적은 없었다. 그는 그런 종류의 일에 전혀 흥미를 느끼지 못했다고 말한다. 내가 그에게 그가 부자가 아닌 이유를 묻자, "저는 잘 살아왔다고 생각합니다."라고 그가 말했다. "항상 충분했어요. 저는 다른 쪽으로 가서 세 배의 돈을 벌 필요성을 느껴본 적이 없습니다. 만약 당신이 하는 일이 마음에 들면, 그냥 계속하는 것처럼요."

내가 문을 나서는 길에 그가 나를 붙잡았다. "당신은 내가 또 무엇을 걱정하는지 묻지 않았어요."라고 그는 말했다. "하지만 당신이 내게 물어봤다면, 저는 '과학'이라고 말했을 것입니다."

결국 우리가 캐서린 워테키Catherine Woteki라는 사람에 대해 알게 되는 것은 그녀의 무심함일 것이다. 그녀는 자신의 인생에서 감정적으로 힘들었던 순간에 대해 불만을 토로하지 않았고, 힘들었던 그 순간에도 묵묵히 견뎌냈다. 일례로, 나와 네 번째 대화를 나누고 나서야, 그녀는 나에게 기초과학 분야에서는 여성이 설 자리가 없다고 교수들이 말했기 때문에 자신이 농업 과학자가 되었다고 털어놓았다. 그녀는 버지니아대학의 여자대학인 메리워싱턴대학을 1969년에 졸업했는데, 당시 버지니아대학은 대학원 과정 외에는 여성을 학부생으로 받아들이지 않았다. 졸업 후 그녀는 미래의 남편을 따라 버지니아공대로 가서 그곳에서 생화학과 대학원 과정을 밟았다. 그녀를 제외한 공대 대학원생들은 모두 남자였다. 그녀는 교수들이 그녀를 다른 모든 사람과 다르게 대한다는 것을 깨닫는 데 시간이 걸렸다. "저는 마침내 모든 남학생들에게 조교직이 주어졌지만, 저만 그렇지 않았다는 것을 알게 되었습니다." 그녀는 부서장에게 가서 조교직을 얻기 위해서 무엇을 해야 하는지 물었다. "그는 여성에게는 투자하지 않기 때문에, 제게는 그런 자리가 주어지지 않을 것이라고 말했습니다. 그는 아마 제가 아이를 낳고 중퇴할 것으로 생각했겠죠."

돌이켜 보니, 그녀는 그들이 그녀의 야망을 억누르기 위해 그녀를 학교에 입학시켰다는 것이 말이 안 된다는 것을 알 수 있었다. 그러나 때는 1960년대 후반이었고, 사람들은 성차별을 다루기 위한 새로운 시도를 하고 있었다. "제 또래의 여성 과학자들과 이야기하면, 거의 모든 이들에게 저와 비슷한 경험이 있습니다."라고 그녀는 말했다.

버지니아공대Virginia Tech는 이름 뒤에 '테크' 또는 'A&M'이 붙는 미국 대부분의 대학과 마찬가지로, 농무부를 창설한 그 의회에서 통과된 1862년 법에 따라 설립되었다. 남북전쟁이 한창일 때, 링컨은 지금이 미국의 농업을 보다 효율적으로 만들 때라고 결정을 내렸다. 농장에서 필요하지 않은 사람은 다른 것을 할 수 있는 자유를 누릴 수 있었다. 이것이 바로 농무부가 처음부터 거대한 과학연구실로 설립된 이유였다. 그리고 이 연구실이 우리의 생활 방식을 변화시킨 놀라운 효과에 대해서는 많은 통계 자료가 입증하고 있다. 1872년, 미국 농부는 평균적으로 약 4명분의 식량을 생산했고, 현재 농부는 평균적으로 약 155명분의 식량을 생산한다. 생산성이 높아진 것은 사람과 식물만이 아니다. 1950년에 젖소는 평균적으로 5,300파운드의 우유를 생산했다. 2016년, 젖소는 평균적으로 23,000파운드의 우유를 생산한다. 위스콘신주의 한 젖소는 최근 하루에 약 24갤런에 달하는 75,000파운드의 우유를 생산하기도 했다. 그 암소의 이름은 지지Gigi였다. 당신은 지금이라도 그녀에게 고마움을 표시해야 할 것이다.

농업과학의 변화는 사람들이 어디에서 살고, 무엇을 하고, 무엇을 가치 있게 여기는지, 어떤 관용구를 마음속에 자연스럽게 떠올리는지 등, 사회의 구조를 변화시킨다. 이러한 변화들은 농무부가 자금을 지원한 연구에 의해 주도되었으며, 이를 위해 조성된 랜드그랜트대학(Land-Grant College, 연방정부의 원조를 받을 자격이 있는 대학) 내부에서 이루어졌다. 버지니아공대는 위스콘신대학과 마찬가지로 그러한 대학 중 하나였다. "버지니아공대는 랜드그랜트대학이었기 때문에 '인체영양Human Nutrition'이라는 학과가 있었는데, 이 과는 그때까지 제가 연구 분야로 들어본 적이 없었습니다."라고 워테키는 말했다. 그녀는 그 과목을 공부하는 것이 어떻겠냐는 조언을 듣고 결국 전공까지 하게 되었다. 그녀는 농사나 농업과는 특별한 관계가 없었다. 그녀의 아버지는 공군 조종사였고, 그녀는 군부대에서 자랐다. "제가 처음으로 소를 만진 것은 버지니아공대에서 인공 수정을 실험했을 때였습니다."라고 그녀는 말했다.

결국 그녀는 음식과 건강의 교차점에 관심을 두게 되었다. 그리고 1960년대 후반 텍사스주에서 멕시코계 미국인 아이들에게 발생했지만 아무도 그 원인을 알 수 없었던 의문의 전염병 발병에 관한 논문을 썼다. 마침내 그 원인을 알아내었는데, 그것은 바로 우유 때문이었다. "그것은 병원균이 아니었어요."라고 그녀가 말했다. "우유 속의 유당이 원인이었습니다." 멕시코계 미국인 집단은 비록 그때까지 아무도 그 사실에 대해 알지 못했지만, 특히 유당에 대해 취약한 것으로 드러났다. 증상은 보통 11살이나 12살에 시작되었다.

그녀가 인체영양학 교수가 될 무렵, 사회 변화가 일어났다. 1970년대 초에 의회는 아이들의 영양실조에 처음으로 관심을 가졌다. "미국의 많은 아이가 발육 부진과 소모성 질환을 앓았습니다."라고 그녀는 회상했다. 법안이 인간의 영양에 미치는 영향에 대한 의회 직원의 설명이 끝난 후, 그녀는 걸어가서 자신을 소개했고, 그 자리에서 그는 그녀를 고용했다. 이것이 다른 기회로 이어졌고, 곧 그녀는 미국식 식단과 미국식 질병 사이의 관계를 조사하기 위해, 자료를 바탕으로 식품 소비 패턴을 분석하는 농무부 내부 그룹을 이끌었다. 그곳에서 그녀는 자연스럽게 질병대책센터Centers for Disease Control로 자리를 옮겼고, 거기에서 그녀는 국민의 전반적인 건강과 관련된 기본적인 질문에 대한 답을 찾는 팀을 이끌었다. 예를 들어, 1970년대와 1980년대 초에 아이들의 혈액 속 납 수치가 많이 떨어졌는데, 그들은 이 반가운 소식이 납 휘발유 생산의 단계적 감소 때문이라는 것을 알아냈다.

1993년 초, 시애틀의 한 소아과 의사는 아이들에게 경련과 피비린내 나는 설사와 같은 대장균 감염 증상이 발생했다고 워싱턴주 보건부에 알렸다. 이후 서부 네 개 주에서 수백 명의 사람이 이 병에 심하게 걸렸고, 네 명의 아이들이 사망했다. 이 병의 원인은 미국의 패스트푸드 체인점인 잭인더박스Jack in the Box까지 추적한 끝에 밝혀졌다. 이 프랜차이즈는 박테리아를 죽이기에는 너무 낮은 온도에서 햄버거를 요리하고 있었다. 농무부는 모든 육류의 안전을 책임진다. 식품의약국FDA은 그 외 다른 모든 음식을 취급한다. 시금치 때문에 사망한 미국인은 FDA를 비난할 만하지만, 스테이크로 미국인이 사망한다면 농무부의 책임이다. 치즈 피자는 FDA의 문제이고, 페퍼로니 피자는 농무부의 감독을 받는다. 잭인더박스 사태 이후, 농무부는 조직도에 '식품 안전'이라고 불리는 새로운 작은 부서를 만들었다. 워테키는 이 부서의 첫 번째 국장이 되었고, 4년 동안 그 직책을 수행했다.

그 후 그녀는 정부 경력을 끝냈다고 생각했다. "그러다가 911 사태가 일어났습니다."라고 그녀가 말했다. "저는 감정적으로 동요했습니다. '내가 뭘 할 수 있을까?'라고 고민했죠. 그때, 저는 저와 같은 경험을 해본 사람이 거의 없다는 것을 깨달았습니다." 예를 들어, 그녀는 식량 공급에 대한 여러 가지 위협을 설명할 수 있었다. 그리고 그녀는 유전공학이 어떻게 대량살상무기로 사용될 수 있는지 이해하는 사람이었다. 그녀는 미생물이 문명을 무너뜨릴 수 있다는 것을 잘 알고 있었다. 그녀는 정부로 복귀했다. 오바마 행정부의 지난 6년 동안, 그녀는 농무부의 수석 과학자로 일했다.

감정의 동요를 최소화하는 등의 자질 덕분에 그녀는 훌륭한 과학계의 리더가 될 수 있었다. 남들이 자신에 대해 어떻게 말을 하든지 신경 쓰지 않는 것처럼 보였지만, 아무도 감히 그녀를 '캐시'라고 부를 생각은 하지 못했다. 그녀는 항상 '닥터 워테키'였다. "그녀는 자기 일을 훌륭히 해냈습니다."라고 톰 빌색은 말했다. "그녀는 정치가 과학에 접근하지 못하도록 하는 데 매우 단호했습니다. 만약 제가 그녀에게 전화로 '보조금 발표를 일주일 정도 연기하는 건 어떨까요?'라고 말한다면, '내 과학에 간섭하지 마십시오!'라며 거절당했을 겁니다."

우리는 공무원들의 성과를 축하하지 않는다. 그들은 책임을 지기 위해 우리 사회에 존재한다. 그러나 누군가가 자세히 살펴본다면, 공무원들의 다른 업적 중에서도 워테키의 부서가 2015년 잠재적으로 치명적인 조류독감의 발생을 억제했다는 사실을 알 수 있을 것이다. 그들은 매우 빠르게, 병든 닭을 건강한 닭과 분리할 수 있는 새로운 병균 검사를 시행했다. 그들이 제대로 일한 덕분에, 가금류 산업은 수억 마리의 새들이 아니라 수천만 마리만 살처분하면 되었다. 1990년대 초, 농무부는 하와이에서 파파야 산업이 붕괴할 위험에 직면했을 때 파파야나무에서 발생한 파파야원형반점바이러스Ring-Spot Virus도 연구했다. '과학'이라고 표시된 작은 부서 안에서, 농무부는 파파야원형반점바이러스에 내성이 있는 파파야나무를 유전적으로 조작하는 것을 도왔다.

내가 캐서린 워테키에 대해 말할 수 있었던 최악의 표현은 그녀가 적어도 농무부의 신중한 기준으로 볼 때, 다소 특이한 유머 감각을 가졌다는 것이다. 과학자들의 농담은 때때로 다른 사람들에게 실험이 잘못된 것처럼 느껴지게 하는데, 그녀는 그 점에서 매우 과학자다웠다. 그녀의 자동차 면허증에는 '우 박사(DR WO)'라고 쓰여 있었다. 그러나 농무부의 어느 직원도 그녀를 그렇게 부르거나 감히 그렇게 장난치는 것을 상상할 수 없었다. 농무부의 고위 관리들을 위해서 빌색 장관이 연 작은 사무실 크리스마스 만찬에, 위테키의 과학자 남편이 엘프 모자를 쓰고 온 적이 있었다. "아무도 그가 왜 그러는지 알지 못했습니다."라고 농무부 직원이 회상했다. "그녀는 요정처럼 차려입은 남편을 바라보며 '응, 괜찮네.'라고 말했습니다. 그녀는 그것에 대해 해명하지 않았습니다. 사실 일종의 애정 표현이었죠."

우리가 처음 인터뷰했을 때는 트럼프가 그녀의 후임자를 지명한 지 얼마 되지 않았을 때였다. 그 후임자의 이름은 샘 클로비스Sam Clovis였다. 그는 앨라배마대학에서 행정학 박사학위를 받았지만, 과학에 대한 경험은 없었다. 그는 2010년 아이오와주 수시티Sioux City에서 러시 림보(Rush Limbaugh, 미국의 보수 논객이자 라디오 진행자) 스타일의 우익 토크 라디오 진행자로 유명해졌다. 릭 페리Rick Perry의 2016년 대선 캠페인 아이오와주 의장을 맡았을 당시, 그는 트럼프를 두고 "그는 예수 그리스도의 말씀을 따르지 않는 자입니다."라며 큰 목소리로 정의롭게 비판했다. 그러나 그는 트럼프 선거운동의 공동 의장이 되기 위해 페리의 선거운동을 그만두었고, 돈 때문에 그랬다는 소문에 대해 해명하기를 거부했다(그는 아이오와주 디모인에서 발행되는 조간 신문인 〈디모인 레지스터Des Moines Register〉에 "얼마의 돈을 받았는지 이야기하지 않을 것이며, 그런 일은 절대 없을 겁니다."라고 단언했다). 농무부의 수석 과학자로 그를 임명한 것은 그곳에서 일했던 사람들에게 농담처럼 느껴졌다. 이곳은 1940년대 초 알렉산더 플레밍Alexander Fleming의 발견을 토대로, 효과적으로 페니실린을 발명한 곳이었다. 이 연구는 항생제 혁명을 촉발했다. 또한, 농무부는 병충해와 질병의 발생에 대처하는 곳이기도 했다. 자금을 지원했느냐, 하지 않았느냐에 따라 과학의 결과는 극명하게 차이가 났다. 클로비스의 전임자는 대학에서 학생들을 가르쳤고, 백악관에서 일했으며, 그 과정에서 국립과학아카데미National Academy of Sciences에 선출된 사람이었다.

워테키는 "그들은 과학을 정치화할 것입니다."라고 말했다.

"제 가장 큰 우려는, 정책을 지지하기 위해 과학을 오용하는 것입니다."

최근 몇 년 동안, 농무부는 많은 연구에서 기후 변화의 영향을 다루었다. 과학연구의 책임자는 매년 거의 30억 달러의 보조금을 쓴다. 워테키는 학생들을 위한 영양 기준으로 이어지는 과학연구의 책임자였다. 그녀는 연구의 우선순위를 정했다. 그녀는 식량 안보, 국내와 세계의 영양 공급, 안전한 식량 공급, 그리고 발전소에서 연료를 전환하는 최선의 방법을 연구했다. "이 모든 것은 변화하는 기후에 직면하여 이루어져야 합니다."라고 워테키는 말했다. "이 모든 것이 기후 변화입니다." 농무부가 양들이 높은 고도에서 풀을 뜯을 수 있는 능력을 향상시키기 위한 프로젝트에 자금을 대는 것이 어리석은 소리처럼 들릴지도 모른다. 언젠가 그곳이 양들이 풀을 뜯을 수 있는 유일한 장소가 될지도 모른다는 것을 알게 되기 전까지는 말이다. "우리는 과학에 대한 투자에서 오는 효율성에 훨씬 더 의존하게 될 것입니다."라고 그녀는 말했다. 전 세계 경작지의 4분의 1은 이미 과다한 농경과 방목 때문에 황폐화되었다. "기온의 변화와 강우 패턴의 변화는 농작물이 자라고 가축이 사육되는 방식에 변화를 가져올 것입니다."라고 그녀는 말했다. "기후 변화는 식품 매개질병의 새로운 위험을 불러옵니다. 병원균도 온도와 습도에 영향을 받습니다."

만약 트럼프 행정부가 농무부의 과학적 탐구를 정치로 오염시킨다면, 이러한 연구는 사실상 중단될 것이다. "일어날 가능성이 큰 문제는 정말 저를 걱정하게 합니다."라고 그녀는 말했다. 연구 보조금은 이제 가장 유망한 아이디어가 아니라, 가장 가까운 협력자에게 돌아갈 것이다. "이미 자금 지원을 제대로 받지 못하는 좋은 과학 연구가 많이 있습니다. 이러한 상황은 더 나빠질 것입니다." 질 낮은 과학은 성장기 아이들의 영양과 같은 문제에서 오용될 것이다—아마 나트륨은 사람들이 말하는 것만큼 아이들에게 나쁘지는 않을 거예요! 너무 과한 설탕이란 건 없어요! 과학은 갑자기 '불확실'해질 것이다. 더는 진실과 거짓이 없을 것이다. 양면성이 존재하는 이야기만이 있을 것이다.

그녀가 조직도에 있는 작은 부서 중 두 곳을 운영했기 때문에, 나는 일석이조의 효과를 위해 워테키에게 식품 안전에 대해 가장 걱정스러운 것이 무엇인지 물어보기로 했다.

"과학에 기반하지 않은 식품 안전의 규제 개혁"이라고 그녀는 말했다.

이 말은 너무 추상적이었다. 나는 그녀에게 몇 가지 실제적이고 구체적인 사례로 대답해 달라고 요구했다. "개혁은 도축 라인의 생산 속도를 높일 수 있습니다."라고 그녀는 생각할 필요도 없다는 듯이 말했다.

농무부는 잘못된 육류 섭취로 인해 사람이 사망하는 것을 막기 위해 크고 두껍지만, 꽤 읽기 쉬운 규칙서를 가지고 있다. 그 중 하나는 가금류 도축 라인의 속도에 관한 것이다. 분당 140마리. 이론적으로, 몇몇 불쌍한 농무부 검사관들은 각각의 새들이 결함이 있는지 물리적으로 검사해야 한다. 하지만 분명히, 어떤 사람도 1분 만에 140마리나 되는 새를 검사할 수는 없다. 매년 90억 마리의 새를 도축하는 데 드는 시간을 줄이기 위해 가금류 산업은 더 손쉬운 방법을 찾아야 했다. 2017년 가을, 전국가금협회National Chicken Council는 농무부에 도축 라인 속도를 1분에 175마리 이상으로 허용해 달라고 청원했다. "이것은 검사관들이 그들의 역할을 수행하는 것을 더 어렵게 만들 것입니다."라고 워테키는 말했다(이 청원은 적어도 지금은 기각되었다).

그녀가 두려워하는 것은 그녀가 한때 했던 일을 대신하는 사람들의 나쁜 의도가 아니었다. 그녀는 과학적인 무지로 인한 그들의 헌신을 두려워했다. 어떤 큰 치킨회사도 많은 아이를 살모넬라균으로 독살하기를 원하지 않는다. 하지만 도축 라인 속도를 높인다면, 새로운 속도는 반드시 안전에 기초해야 한다. 무지는 사람들에게 그들의 행동으로 인한 결과를 무시하게 만든다. 그리고 때때로 그것은 그들이 의도하지 않았음에도 불구하고, 나쁜 결과로 이어진다.

알리 자이디는 농무부 내에서 식품 안전과 같이 규제를 시행하는 부서와 돈을 소비하는 부서를 구분했다. "하나는 채찍이고 다른 하나는 당근입니다."라고 그가 말했다. "당신은 당신이 규제할 수 없거나 규제하지 못하는 것에 대해 비용을 지불해야 합니다." 정부가 규제하는 힘이 있는 곳에서는 그러한 비용을 지불할 필요가 적었다. 대학 교수들에게 농업 연구를 하도록 강요할 수는 없었기 때문에, 그들에게는 연구비를 지불했다. 그러나 달걀을 생산하는 사람들에겐 달걀을 병들게 하지 못하게 막는 규칙에 따르도록 강요할 힘이 있었기 때문에, 달걀을 생산하기 위해서는 돈을 지불할 필요가 없었다. "극단적인 경우, 연방정부는 모든 사람을 위해서 달걀을 구입하고, 구입한 모든 달걀을 검사할 수 있습니다." 알리가 말했다. "그것은 분명히 경제적인 관점에서 하지 말아야 할 멍청한 일이지만, 이는 규제가 어떻게 지출을 대신하는지를 보여줍니다."

규제 측면은 일반적으로 금전적인 측면보다 새 정부의 근시

안적인 개혁안에 덜 취약하다. 트럼프가 행정명령을 통해 규제를 없애는 거대한 쇼는, 공식적인 규칙 변경 절차가 있기 때문에 그가 바꾸려는 것보다는 훨씬 덜 바뀌었다. 즉 외부 의견을 구해야 하고, 그러한 의견이 도착할 때까지 일정 시간 기다려야 하며, 그 후에 규칙 변경에 대한 불가피한 법적 도전에 대처해야 한다. 가금류 산업이 매분 죽이는 닭의 수를 늘리기 위해서는, 그것이 정말 현명한 일이라고 해도 몇 년이 걸릴 수 있다.

하지만 농업 연구를 위해 자금을 지원받는 사람을 바꿔 버리는 것은 아주 쉬운 일이다. 그러한 이유로, 알리는 '과학'이라고 표시된 작은 부서가 '식품 안전'이라고 표시된 부서보다 훨씬 더 큰 문제라고 생각했다.

농무부 안에는 다른 두 개의 중요한 작은 부서가 있었다. 하나는 '농가'이고, 다른 하나는 '농촌 진흥'이다. 알리 자이디는 첫 번째 부서에서 수십억이 헛되이 쓰이고, 두 번째 부서에는 고작 수십억이 쓰이는 상황을 지켜보았다. 그는 트럼프 행정부의 농무부 예산 삭감이 농가에 큰 영향을 미칠 가능성은 매우 낮다고 생각했다. 하지만 농무부의 예산 중 많은 부분이 이제 대형 곡물 생산자들에게 돌아갔다. 거의 모든 종류의 정부 지출을 혐오한다고 말한 농장주 출신의 공화당 상원의원들은 막대한 자금이 대형 곡물 생산업자들에게 전달되자, 급진적인 사회주의자로 변모했다. 알리는 "이 돈은 미국에 필요하다는 증거 대신, 지지층의 정치적 힘을 따릅니다."라고 말했다. "농가 측과 농촌 진흥 측에 쓰이는 예산의 차이를 짧게 정리하자면, 농업보조금은 대기업의 호주머니로 들어갈 수 있습니다. 미국의 지역 사회에 실제로 투입되는 것은 농촌 진흥 자금입니다."

그 돈이 없다면, 그는 미국의 시골은 현재와 매우 다른 곳이 되리라고 생각했다. "농무부의 돈이 없다면, 미국의 시골은 사하라 이남의 아프리카, 혹은 중국의 시골처럼 보일 수도 있습니다."라고 알리는 말했다. 미국의 많은 작은 마을들은 분산되어 있고, 체계적이지 않으며, 가난하다. 그 지역 주민들은 워싱턴의 로비스트들을 고용할 돈이 없다. 그러나 그들이 살아가는 삶의 방식은 강력한 로비스트만이 얻을 수 있는 연방 보조금에 달려 있다. "연방 보조금은 미국의 감성적인 인프라를 보존하는 역할을 합니다."라고 알리는 말했다. "우리는 이것을 우리가 보존하고자 하는 공동체의 형태라고 결정했습니다. 하지만 제가 백악관에 있는 내내, 우리는 다음과 같은 질문을 했습니다. '우리는 농촌 진흥을 위한 정치적 자본을 어디서 찾을 수 있을까?' 왜냐하면 그것은 농촌 진흥을 돕는 사람들에게서만 나올 수는 없기 때문입니다."

———

릴리안 살레르노Lillian Salerno가 '농촌 진흥'이라고 표기된 작은 부서를 떠나기 전까지, 그녀는 그 안에서 5년이라는 긴 시간을 보냈다. 그 부서의 기능은 간단했다. 몇 가지 보조금과 함께, 주로 5만 명 이하의 사람들이 사는 마을에 저금리 대출을 제공하는 것이었다. 그녀의 부서는 최남동부 지역Deep South, 인디언 부족 거주 지역Tribal Land, 그리고 미국-멕시코 국경을 따라 콜로니아Colonia라고 불리는 지역 등 미국 시골에 거주하는 가난한 사람들을 위한 2천2백억 달러 규모의 은행을 운영했다. "남부에 있는 일부 지역에서 쓰이는 유일한 수표는 정부 수표입니다."라고 그녀는 말했다. 그러나 놀랍게도 그들은 거의 항상 그들의 대출금을 갚았다.

그녀의 업무 중 절반은, 도움을 요청하는 미국 시골 지역의 요구를 조사하는 것이었다. 나머지 절반은 길고 따분한 여행이었다. "오클라호마주 민코Minco와 같은 작은 시골 마을로 가야 할 때가 있었는데, 뉴욕에서 비행기로 바로 날아갈 수 없었습니다. 제가 가는 곳은 대부분 최소 두 번 이상 비행기를 타고, 두세 시간을 운전해야 겨우 도착할 수 있습니다." 이 지루한 여행의 다른 쪽 끝에는 보건소, 주택, 또는 소규모 사업이 절실히 필요한 몇몇 작은 마을이 놓여 있었다. "이 작은 마을을 빠져나오면, 말도 안 되는 멋진 소방서 건물을 볼 수 있습니다. 바로 우리가 사는 도시죠."라고 그녀가 말했다. 이러한 마을에서 전기와 인터넷 접속, 그리고 건강 관리를 받으려면 항상 더 비싼 비용을 지불해야 했다. 연방정부가 아니었다면, 알래스카 시골에서는 식수를 구하기도 어려웠을 것이다. 그 절실함 때문에 그녀의 일은 항상 긴급하게 느껴졌다. "우리는 시골 지역의 건강 클리닉에 4만 달러를 제공했고, 당신이 그걸 알았다면 '세상에, 그 푼돈이 변화를 가져오다니!'라고 말했을 겁니다."

농무부의 대출은 보통 지역 은행을 통해 이루어지기 때문에, 돈을 받는 쪽 사람들은 돈이 어디서 나오는지 모르는 경우가 많았다. 그래서 톰 빌색이 미네소타의 한 작은 마을에서 정부를 비난하는 폭스 뉴스Fox News를 애청하는 사업가에게 대출을 해준 일에 대해 말한 것과 매우 비슷한 일이 자주 벌어지곤 했다. 지역 은행에서 대출이 이루어졌고, 그 남자는 결국 지역 신문과 인터뷰를 하게 되었다. "그는 스스로 그것을 해낸 것에 대해 얼마나 자랑스러운지 기자들에게 말했습니다."라고 빌색은 말했다. "농무부 직원이 자기소개를 하러 갔는데, 그는 '그래, 당신은 누구요?'라고 물었습니다. 직원은 '저는 농무부 직원입니다.'라고 대답했습니다. 그는 '여기는 뭐 때문에 오셨소?'라고 다시 물었습니다. 직원은 이렇게 대답했습니다. '저기, 선생님, 선생님께서 받았다고 자랑하시는 돈은 저희가 제공한 것입니다.' 그의 얼굴이 백지장처럼 하얗게 질렸다고 합니다."

살레르노는 이런 종류의 일이 일어나는 것을 항상 보았다. "우리는 이 수표를 전달합니다."라고 살레르노가 말했다. "이 수표에는 미국 정부라고 큰 글자로 쓰여 있습니다. 우리는 그 문구를 피해서 사진을 찍으려고 했습니다. 그렇지만, 빌색은 사진을 찍을 때 연방정부가 그들을 도왔다는 것을 사람들이 바로 알 수 있도록, 그 문구가 잘 보이게 정면에 내세우기를 원했습니다. 남부의 공화당 지지 지역에서는 그 지역의 시장이 가끔 '당신은 정부가 이 돈을 줬다고 밝혀도 됩니까?'라고 묻곤 했습니다." 이처럼, 심지어 정부가 생명을 구하거나 공동체를 보존하고 있을 때도, 정부는 이상하게도 우리의 눈에 보이지 않았다. "그것은 시스템에 대한 오해일 뿐입니다."라고 살레르노는 말했다. "우리는 정부가 실제로 무엇을 하는지 사람들에게 알리려고 들지 않습니다."

그녀 자신도 매우 늦게야 그 사실을 알았다. 그녀는 가난한 가정에서, 아홉 명의 형제자매들과 공화당의 동정을 받으며 텍사스주의 리틀 엘름Little Elm이라는 작은 농촌 마을에서 자랐다. 그녀의 고등학교 졸업반에는 열여덟 명이 있었다. 그녀는 학생회장 겸 치어리더였다(그녀는 "제가 수학을 잘하지 못하는 이유는 치어리더와 수학 중 하나를 선택해야 했기 때문이었습니다. 저는 치어리더를 선택했죠."라고 회상했다). 그녀의 학교 졸업생 중 대학에 진학한 학생은 거의 없었지만, 그녀는 연방정부의 무상 장학금으로 텍사스대학에 입학했다. 그녀는 장학금으로 충당하지 못하는 생활비를 식당에서 일해서 벌었다.

1980년 후반 리틀 엘름에서 식당 일을 하던 중, 그녀의 친구들이 에이즈로 인해 병들어 죽어가기 시작했다. 그녀는 그들을 방문하기 위해 댈러스Dallas로 갔다. 그곳의 한 병원에서, 그녀는 사형 선고를 받은 남성들이 치료도 받지 못하고 있는 것을 목격했다. 간호사들은 그들과 가까이 접촉하는 것을 두려워했다. 그들은 환자에게 약물을 투여하는 주삿바늘에 의해 에이즈에 감염될까 봐 특히 두려워했다. "그때는 모두가 (에이즈에 걸리면) 사망했습니다."라고 살레르노가 말했다. "그리고 환자들은 '간호사들은 오지 않습니다.'라는 청천벽력과 같은 말을 들었습니다. 저는 '그건 내가 본 어떤 것보다도 더 빌어먹을 일이야.'라고 말했습니다." 그녀는 불의에 대한 원초적인 저항 의식이 있었고, 삶이 공정하게 만들어지길 바라는 욕망이 있었다. "당신이 만약 작은 시골 마을 출신에, 딸린 가족은 많고, 지원은 전혀 받지 못한다고 생각해 보세요. 당신은 세상을 특정한 방식으로 바라보게 될 겁니다." 그녀는 소매를 걷어붙이고 문제를 해결하려고 했다. 사람들이 겪는 불필요한 고통을 목격한 후, 그녀는 한 가지 아이디어를 생각해 냈다. 바로 '주삿바늘이 안으로 들어가는retractable needle 주사기'였다. 그것은 볼펜처럼 작동했다. 엔지니어인 그녀의 친구가 그것을 디자인했다. 그녀는 지역 은행에 대출을 신청해서 지원금을 받았다. 그녀는 나중에야 대출이 중소기업청Small Business Administration에서 나왔다는 것과 연방정부는 단순히 지역 은행을 배달 시스템으로 사용했다는 사실을 알게 되었다. 그녀는 은행이 기업인의 의지력 따위는 중요시하지 않기 때문에, 새로운 발명품을 처음으로 판매하려는 중소기업인에게 돈을 빌려주지 않는다는 사실을 그 당시에는 알지 못했다. "모든 좋은 발명품은 개인적인 동기에서 시작합니다."라고 그녀가 말했다. "사람들은 개인적인 것에서부터 발명을 시작하죠."

살레르노와 그녀의 파트너는 리틀 엘름에 새로운 회사를 설립하고 운영했으며, '리트랙터블 테크놀로지스Retractable Technologies'라고 이름 붙였다. 그들은 1990년대 초에 첫 특허를 냈고, 1997년에 FDA 승인을 받았다. 사업 첫해에 그들은 100만 개의 주사기를 팔았고, 그다음 해에는 300만 개를 팔았다. 3년째가 되자 그녀의 회사는 리틀 엘름에서 140명의 직원을 고용했다. 그녀는 정부 대출금을 은행에 상환했다—그녀는 그때까지도 그것이 정부 대출이라는 것을 알지 못했다. 그녀는 태어나서 처음으로 돈이 있었다.

그녀는 또한 의료 산업의 내막에 대한 견해를 밝혔다. 오래된 의료 관련 회사였던 벡톤 디킨슨사Becton, Dickinson & Co.는 시장의 80% 이상을 장악하고 있었지만, 그녀의 회사가 승승장구하자 위협을 느꼈다. 이윽고 벡톤 디킨슨사는 다른 제품들과 묶어, 자신들이 개발한 어설픈 새 버전의 주사기를 구매하도록 병원 시스템에 요구하기 시작했다. 살레르노는 벡톤 디킨슨사가 그들과 법적 공방을 벌이는 데 필요한 소송 비용을 그녀가 감당하지 못할 것이라 생각한다고 보았다. 하지만 그녀는 싸웠고, 2004년에 1억 달러의 합의금을 받았다.

하지만 벡톤 디킨슨사는 곧 그녀의 신제품이 시장에 완벽하게 접근하지 못하게 만드는 방법을 찾아냈다. 그녀의 회사는 살아남았지만, 예전처럼 승승장구하지는 못했다. 정점을 찍었을 때 200명을 고용하던 이 회사는 현재 130명을 고용하고 있다. 이러한 경험을 통해, 살레르노는 기업의 힘이 증가한 것이 미국 시골 지역의 기회를 감소시킨 원인 중 하나라고 결론지었다. 독점적인 힘을 가진 기업들의 탐욕과 정부와의 관계를 유지할 수 있는 능력이 그녀를 미국의 거대한 시스템에 대해 생각하게 만들었다. "모든 건강 산업은 어떤 것을 만드는 데 드는 비용에 대해 거짓말을 합니다."라고 그녀는 말했다. "저는 그것들을 직접 만들었기 때문에, 실제 가격이 얼마인지 알고 있습니다."

그녀의 분노는 2007년 힐러리 클린턴의 대통령 선거운동을 지지하게 만들었지만, 그녀는 곧 노선을 바꾸어 오바마를 지지하게 되었다(그녀는 "저는 힐러리 측이 오바마를 공격하는 방식에 너무 화가 나서 그를 지지하게 되었습니다."라고 말했다). 오바마가 승리한 후, 살레르노는 자연스럽게 그녀가 존재하는지도 전혀 알지 못했던 직업의 후보로 자신의 이름을 올렸다. 바로 미국 시골 지역 사람들이 스스로 자립할 수 있도록 돕는 일이었다. "어떤 사람이 말하더군요. '농무부에서 미국의 시골을 위한 관리자가 되는 게 어때요?' 저는 '미국의 시골을 위한 관리자가 있다고요?'라고 되물었습니다."

그녀는 '농촌 진흥'이라고 적힌 작은 부서 안에서 일하게 되었다. 그곳에 가려는 어떤 특별한 야망도 없었다. 그러나 그녀가 마음대로 쓸 수 있는 돈의 액수는 믿을 수 없을 정도였다. 그 작은 부서는 일 년에 300억 달러의 대출과 보조금을 지급하거나 보증했다. 하지만 정작 이에 대해 알았어야 했던 사람들은 그 부서가 무슨 일을 하는지 전혀 알지 못했다. 살레르노는 "저는 남부 전역의 거의 모든 곳에서 선출직 및 주 정부 관리들과 이런 대화를 나눴습니다."라고 말했다. "그들은 이렇게 말했습니다. '우리는 정부를 싫어하고, 당신네들은 형편없어요.' 저는 이렇게 말했죠. '제 임무만으로도 올해 여러분의 경제에 10억 달러를 투자했습니다. 정말 지금 내뱉으신 말을 확신하십니까?' 사실, 제 생각은 이랬습니다. '우리가 바로 당신들의 주가 형편없는 상태를 유지할 수 있는 유일한 이유야.'"

본래 그녀는 중소기업인이었고, 연방정부 내에서 발견한 비효율성에 대해서는 애정이 없었다. "당신이 영원히 투자라곤 받아본 적도 없는 이 거대한 연방 인력을 가지고 있다고 생각해 보세요."라고 그녀는 말했다. "외부 세계와는 전혀 소통이 안 되는 인력이죠. 현대 직장에 필요한 작업 능력조차 갖추지 못한 사람들이 많습니다." 그녀는 농무부에서 일할 젊은이들을 끌어들이지 못했다. 한때, 그녀는 농무부의 10만 명의 직원 중 얼마나 많은 사람이 스프레드시트를 만드는 법을 배웠는지를 추정하려고 애썼다. 그녀는 50명도 채 안 될 것이라고 확신했다. "저는 항상 우리가 어떻게 돈을 썼는지 잘 알고 있었습니다. 제가 '신의성실의무'와 같은 단어를 사용하거나, '이건 우리의 돈이 아닙니다.'라고 말하면 그들은 '당신이 공화당원이 아닌 것이 확실합니까?'라고 말하곤 했습니다. 하지만 저는 이것이 우리의 돈이 아니라는 사실에 매우 민감했습니다. 이것은 납세자들의 돈이었습니다. 이 돈은 한 시간에 15달러를 받고 일하는 어떤 사람에게서 나온 돈이었습니다."

크고 지저분한 연방정부는 여전히, 그녀가 점점 커지는 위기라고 생각한, 즉 미국 시골 지역의 소멸을 막을 수 있는 유일한 도구였다. 그녀는 "월마트가 한 마을로 이전했다고 해서, 그 마을 전체의 사업이 중단되지 않는 것이 무엇을 의미하는지 수치화하기는 매우 어렵습니다."라고 말했다. 미국 자본시장에 구멍이 뚫려 있었다. 자본은 소도시에 도달하지 못했다. 그리고 오히려 사회가 작은 마을로부터 이익을 얻는다는 통계가 많이 있었다. 작은 마을의 삶이 국가 전체에게 중요한, 아마도 저평가된 공헌을 하기도 했다. 예를 들어, 국민의 15%가 인구 1만 명 미만의 작은 마을에 살고 있지만, 군 복무의 비율은 도시보다 시골 지역이 훨씬 더 높다.

시골에 사는 미국인일수록 미국 정부에 그의 삶의 방식을 더 의존하게 된다. 그리고 시골에 사는 미국인일수록 도널드 트럼프에게 투표했을 가능성이 더 컸다. 그러니 트럼프가 취임하면 '농촌 진흥'이라는 작은 부서를 강화하고 성장시키기 위해 할 수 있는 모든 일을 할 것이라고 생각했을지도 모른다. 그러나 그런 일은 일어나지 않았다.

트럼프 행정부는 일찍이 대외 무역에 대해 진지함을 보여주려고 했다. 이러한 열망은 '농가 및 외국 농업 서비스'라고 표시된 작은 부서를 두 개의 작은 부서, 즉 농가 프로그램용과 외국 농업 또는 무역 업무용으로 나누는 것에서 나타났다. 이상하게도, 바로 그 순간 트럼프는 환태평양경제동반자협정Trans-Pacific Partnership에서 탈퇴했고, 이에 대해 미국농사개량동맹American Farm Bureau Federation은 그 결정이 미국 농부들에게 연간 44억 달러의 해외 매출 손실을 입혔다고 밝혔다. 한편, 농무부의 조직도에 7개 이상의 작은 부서가 있는 것을 금지하는 규정이 있었기 때문에, 작은 부서 중 하나를 제거해야 했다. 그들이 제거한 작은 부서는 바로 '농촌 진흥' 부서였다. 살레르노는 "저는 정부 부서 중 트럼프에게 투표한 사람들, 즉 시골 사람들을 돕는 데 가장 큰 책임이 있는 작은 부서에서 일했습니다."라고 말했다. "그리고 그들은 말 그대로 조직도에서 제가 몸담았던 작은 부서를 떼어 냈습니다."

　이것은 릴리안 살레르노를 괴롭혔다. 단지 그녀가 이 작은 부서 안에서 5년을 보냈기 때문만은 아니었다. 이 사실은 그녀가 농무부를 점령한 사람들의 동기에 대해 고민하게 만들었다. 그녀는 그 작은 부서 안에서 일했던 이유가 분명하게 있었다. 그리고 만약 당신이 그 작은 부서 안에 어떤 걱정거리가 있는지 알고 싶다면, 그 부서를 운영하는 사람들의 동기를 결코 무시할 수 없다. "제가 가장 걱정하는 게 뭔지 알고 싶으신가요?" 내가 질문하러 가자, 그녀가 이렇게 물었다. "하나는 분명합니다. 현재 뉴욕과 워싱턴에서는 트럼프 행정부와 월스트리트 은행가들 간에 은행 자금을 어떻게 활용할 것인가를 두고 한창 대화가 진행되고 있습니다. 은행 관계자들은 이렇게 말할 겁니다. '그들은 분명 좋은 사람들일 거예요. 단지 어쩔 수 없을 뿐이겠죠.'"

그녀는 이 나라의 불운한 곳에서 자란 사람들을 돕기 위해 부분적으로나마 적절했던 수단이 곧 가장 거대한 금융회사들의 수익원으로 바뀔 것이라며 걱정한다. 그녀는 그것이 트럼프 행정부가 그녀의 작은 부서를 제거하고 2천2백억 달러짜리 은행을 비서실로 옮겨 버린 이유라고 생각한다. 그들은 사람들이 눈치채지 못하게 그 돈으로 새로운 일을 할 수 있다. "결국 그들이 무엇을 할 것 같습니까?"라고 그녀는 말했다. "그들은 모든 돈을 가져다가 은행가 친구들에게 주겠죠. 그리고 수돗물을 사유화하는 등의 작업을 수행할 겁니다. 플로리다의 시골 사람들은 매달 20달러 대신 75달러를 지불하게 될 것입니다."

릴리안 살레르노는 트럼프 행정부를 오랫동안 지켜봤다. 트럼프가 농무부에 보낸 사람은 사실상 모두 20대 백인 남성이었다. 그들은 미국 시골 사람들의 문제에 대한 지식이나 관심을 전혀 보이지 않았다. 그녀는 자신이 할 일이 딱 하나 있다고 생각했다. 텍사스주로 돌아가서 공직에 출마하는 것이었다. 이제까지 그녀는 자신이 정치 후보라는 환상을 갖고 있지 않았다. 그녀는 여전히 텍사스주의 리틀 엘름에서 온 작은 마을의 아이였다. "저는 제가 여전히 웨이트리스라고 생각합니다."라고 그녀가 말했다. "아직도 그런 기분이 듭니다. 제가 하원의원이 된다고 해도 그렇게 느낄 겁니다." 알리 자이디는 다음과 같은 질문을 하기도 했다. "미국의 시골 사람들을 돕기 위한 정치적 자본은 어디서 올까요?" 글쎄, 그건 모두 그녀에게서 나왔을 것이다. 알리 자이디는 미국인들이 그들 사회가 가진 힘의 근원을 알지 못한다는 사실에 놀랐다. 타국에서 미국으로 건너온 사람들은 한가지 이점을 가지고 있었다. 그들은 복지를 당연하게 여기지 않았다. "이민 여정은 배움의 시간을 단축합니다."라고 그는 말했다. "한 세대 안에서, 당신은 어떻게 기회의 사다리들이 눈앞에 놓여 있는지 볼 수 있고, 당신을 끌어당기는 손을 볼 수 있습니다. 당신은 사람들이 당신을 위로 끌어당기는 것을 경험하고, '좋아, 나도 다른 사람들을 위해 같은 일을 해야지.'라고 결심합니다. 저는 그 기회의 사다리를 타고 올라왔지만, 저조차도 사다리 자체를 구성하는 정부 프로그램의 이름을 알지는 못했습니다. 자라면서 제가 분명히 본 것은 공동체 구성원들의 친절함이었습니다. 그러나 정부는 제 눈에 보이지 않았습니다. 모두가 정부에 감사하기 위해서 정부는 정말 열심히 일해야 할 겁니다."

하지만 과연 누가 그렇게 일하기를 원할까?

III

모든 대통령의 데이터

토네이도가 미국의 마을을 휩쓸고 난 뒤, 폐허가 된 마을을 돌아보면서 캐스린 설리번Kathryn Sullivan은 지금 자신이 보고 있는 것을 상상하는 것이 얼마나 어려웠는지에 놀랐다. 이틀 전인 2011년 5월 22일, 토네이도는 미주리주 조플린Joplin을 둘로 갈라놓았다. 그리고 당신이 직접 보더라도 믿기 힘든 많은 흔적을 남겼다. 고무호스가 나무줄기에 단단히 박혀 있었고, 네 개의 의자 다리가 부서진 의자 옆 벽을 뚫고 박혔으며, 거대한 월마트 트랙터 트레일러는 펩시 빌딩의 꼭대기로 200야드 이상 내동댕이쳐졌고, 대형 SUV가 나무 주위에 반으로 접혀 있었다. 차체에서 금속이 떨어져 나갔고, 나무는 나무가 아니라 나무줄기에 불과했다. 모든 가지가 부러지고 날아가 버렸기 때문이었다. "저는 마치 어떤 거인이 달걀 거품기를 가져다가 마을을 휘저어 놓은 것 같다고 느꼈습니다."라고 그녀는 말했다. "이쑤시개처럼 부러졌죠."

　그렇게 말하고 나서, 그녀는 폐허의 가장자리가 온전히 남아 있었기 때문에 자신이 사용한 '달걀 거품기'라는 은유가 정확히 들어맞지 않는다는 것을 깨달았다. 토네이도가 아슬아슬하게 파괴하지 못한 것은, 그것이 강타한 것이 완전히 제거되었기 때문에 반대로 완벽하게 보존되어 있었다. "당신이 케이크 위에 있는 아이싱을 손가락으로 훑는 것과 같아요."라고 그녀는 말했다. "당신이 손가락으로 훑은 곳은 완전히 깨끗하게 파괴된 선으로 남죠." 지역 내 응급실의 의사들은 이제까지 경험해 보지 못했던 외상을 목격했다. 사람들의 신체 부위가 병원 밖 길거리에 널려 있었다. 척추뼈까지 살이 파인 어린아이는 척추뼈를 세어볼 수 있을 정도였다. 사람들은 도로 표지판에 찔려 다쳤다. 신체 내부에 박힌 물체들이 총알이 아니라는 사실만 제외하면, 그 상처들은 마치 자동 소총에 맞아 생긴 것처럼 보였다. 중상을 입은 사람들은 이미 사망한 사람을 차에 태워 병원으로 달려왔고, 병원 직원들에게 매달려 이미 숨진 사람들을 어떻게든 살려달라고 애원했다. 살아남은 사람들은 시신을 어떻게 처리해야 할지 몰랐다.

그해 봄 미국 중부에서 발생한 토네이도로 인해 500명 이상이 사망했다. 조플린에서만 158명이 사망했고, 수천 명이 부상당했으며, 그중 많은 사람이 중상을 입었다. 이번 토네이도는 미국 정부가 국민에게 자연재해에 대해 경보를 발령하기 시작한 이래로, 단일 토네이도에 의한 피해 중에서 피해 규모가 가장 컸다. 그 자체로도 충격적이었지만, 캐스린 설리번에게는 특히 그랬다. 그녀는 그 정보를 미리 알고 있었다. 그녀가 접한 기상청의 재난 경보는 이번에는 보통 때보다 훨씬 더 적절히 발령되었다. 토네이도 주의보Tornado watch는 토네이도가 발생하기 4시간 전에 최초로 발령되었지만, 토네이도 주의보는 토네이도 경보Tornado warning와는 다르다. 기상청의 토네이도 경보는 평균적으로 토네이도가 강타하기 13분 전에 발생한다. 이번 조플린의 사이렌은 토네이도가 상륙하기 17분 전에, 그리고 조플린으로 진입하기 19분 전에 울렸다. 그러나 조플린 주민들은 그것을 무시했다. 이번 피해에 관해 작성된 보고서에서 **"조플린 주민 대다수는 최초 토네이도 경보를 듣고도 즉시 대피하지 않았다."**라는 사실이 밝혀졌다.

———

언젠가 누군가는 미국 정부와 국민들 사이의 이상한 관계의 역사에 관해 글을 쓸 것이다. 그 사람은 국민들을 죽일 수도 있는 것으로부터 생명을 구하려는 정부의 시도에 관해서 적어도 한 챕터 이상은 써야 할 것이다. 최초의 성공적인 토네이도 예측은 1948년 오클라호마주 노먼Norman에 있는 공군 기지에서 이루어졌다. 처음 토네이도를 예측한 사람들은 운이 좋았다. 그들은 동일한 방법으로 다시 예측에 성공할 수 없었을 것이다. 이 점을 알았기 때문에, 정부는 예측 정보를 사람들에게 알리지 않는 것이 더 낫다는 견해를 가지고 있었다. 당시 기상국(미국기상청의 구칭)은 '토네이도'라는 단어를 사용하는 것을 금지했다. 기상국은 그 단어가 사람들을 겁먹게 할 뿐이라고 믿고 있었다. 그러나 사람들 사이에서 정부의 기상학자들이 불가사의한 새로운 예측 기술을 가지고 있다는 소문이 퍼졌다. 그리고 사람들은 비록 그들이 하는 말이 별로 가치가 없다고 하더라도, 그들이 해야 할 말을 듣고 싶다고 **요구했다.**

그 이후로, 정부의 기상학자들은 그들의 임무를 더 잘 수행하게 되었다. 인공위성과 레이더, 연산력, 그리고 더 나은 예측 모델에 수십억 달러를 투자한 덕분에 토네이도 경보는 정말 유용하게 쓰였다. 그러나 사람들은 정부의 기상 정보가 점점 더 믿을 만하다는 것을 깨닫지 못하거나, 심지어 정부에서 그 정보를 주고 있다는 사실도 깨닫지 못하는 듯했다. 학식 있는 국민들로부터 웨더채널Weather Channel이나 핸드폰 앱에서 날씨 정보를 얻는다는 말을 듣는 것이 이제는 더 이상 캐스린 설리번에게 충격을 주지 않았다. 미국의 한 하원의원은 그녀에게 납세자가 아큐웨더AccuWeather로부터 날씨 정보를 얻을 수 있는데 왜 굳이 기상청에 자금을 대야 하냐고 물었다. **그는 도대체 아큐웨더나 웨더채널, 기타 날씨 앱이 어디에서 날씨 정보를 얻고 있다고 생각한 것일까?** 시속 200마일 정도의 바람이 미국의 한 마을을 휩쓸고 지나가 사람들을 죽게 했을 때, 아큐웨더가 도움이 되긴 했을까?

분명히, 국민들은 그들의 정부를 이해하지 못했다. 그것은 한동안 사실이었다. 이제 설리번은 정부도 국민들을 제대로 이해하지 못한다는 사실을 깨달았다. 왜 국민들은 스스로 살아남지 못할까? 만약 이 질문에 대한 답을 아는 사람이 있다면, 그것은 바로 그녀 자신이 될 테지만, 아직 그녀는 그 답을 전혀 알 수 없었다. 어떤 방법으로든 미국 정부가 국민들보다 날씨를 더 잘 다루는 것은 사실이다. 그러나 정부가 수십억 달러를 들여 날씨에 관한 데이터를 수집함에도 불구하고, 사람들이 날씨에 어떻게 반응하는지는 전혀 밝혀진 바가 없었다.

설리번은 조플린 지역 사람들을 존경하지 않을 수 없었다. 폐허가 된 마을을 돌아다니면서, 설리번은 그녀가 수없이 봐왔던 것을 또다시 목격했다. 그녀는 미국인들이 재난을 예방하는 것보다 얼마나 더 재난에 잘 대처하는지 볼 수 있었다. 도움을 줄 수 있는 모든 사람이 기꺼이 도우러 나섰다. 폐허가 된 마을은 마치 대학 미식축구 경기에서 선수들이 후퇴하는 것처럼 빠르게 복구되었다. 재난을 피한 사람들은 그렇지 못한 사람들을 위해 음식을 만들었다. "아무도 질문을 하지 않았어요."라고 설리번이 말했다. "당신의 집이 파괴됐는지 아무도 묻지 않았습니다. 만약 당신이 그들에게 다가가 배가 고프다고 호소했다면, 금방 음식을 얻을 수 있었을 거예요."

아무도 그녀에게 본인의 임무를 제대로 수행하지 못했다고 말할 수 없었다. 그녀는 타고난 정치인은 아니었지만, 그녀의 야망은 그녀를 정치인처럼 행동하도록 이끌었다. 그녀는 미국 정부의 고위층에서 살아남는 데 필요한 모든 작은 타협들, 즉 다른 사람들뿐만 아니라 자기 자신과도 타협을 해나갔다. 그녀는 국립해양대기국National Oceanic and Atmospheric Administration의 이인자였고, 이제 곧 일인자가 될 것이었다. 국립해양대기국은 무엇보다도 기상청을 감독하는 임무를 맡고 있다. 기상청은 토네이도를 찾아내고, 토네이도 경보를 발령한다. 미국인들에게 토네이도로부터 생존하는 데 필요한 정보를 제공하는 것이다. 하지만 2011년 5월 22일은 지난 64년간 그 어느 날보다도 더 많은 미국인이 토네이도에 의해 목숨을 잃은 날로 기록되었다.

그녀는 아무 말 하지 않고 그냥 넘어갈 수도 있었다. 자신의 사무실에 홀로 앉아, 사람들을 그들의 어리석음에서 구해내는 것이 그녀가 맡은 일은 아니라고 스스로를 다독일 수도 있었다. 대신 그녀는 스스로에게 물었다. **'우리는 국민들에 대해 무엇을 이해하지 못한 것일까?'** 그녀는 워싱턴으로 돌아가 이번 대처로 공로를 인정받았을지도 모르는 관련자들을 모아놓고 "여기서 이 결과에 대해 만족하는 사람이 있습니까?"라고 물었다.

그 자리에 모인 사람 중에서 결과에 만족한다고 대답한 사람은 아무도 없었다.

———

미국 정부로부터 첫 월급을 받기 전, 설리번은 수많은 테스트를 거쳤다. 테스트 중 일부는 육체적이었고, 일부는 심리적이었으며, 다른 몇몇은 그것이 무엇인지조차 알 수 없었다. 그녀는 면접관들이 찾는 것이 무엇인지 알아내지 못했다. 그녀는 사실상 거의 동일한 미국항공우주국NASA과의 인터뷰 두 건에서 살아남았다. 그녀가 먼저 겪은 인터뷰의 면접관 중 한 명은 좋은 NASA 경찰, 다른 한 명은 나쁜 NASA 경찰 역할을 맡았다. "나쁜 경찰은 당신을 불편하게 하죠." 그녀가 말했다. "방에는 불도 잘 들어오지 않아요. 그는 책상 뒤에 앉아 있고, 당신은 등받이가 없는 의자에 앉을 겁니다. 서로 마주 보지도 않습니다. 그는 단지 혼잣말을 할 뿐이고, 당신에게 친절하지도 않죠. 그러고 나서 당신은 자신의 편을 들어 주는, 따뜻하고 친절한 남자와 다시 모든 인터뷰를 할 겁니다." 한참 후에야 그녀는 마음이 편안하든 불편하든 관계없이 같은 방식으로 대답하는지를, 그들이 파악하려 했다는 것을 알게 되었다. "제게는 비교할 만한 정보가 없었습니다."라고 그녀는 말했다. "당신이 시스템을 조작하려고 할 수도 있지만, 그건 그 시스템을 알아야 가능합니다. 저는 몰랐습니다."

후에 그녀는 그들이 심지어 그녀가 누구인지 알아내려고 애쓰지 않았다고 생각했다. 그들이 원했던 것은 '그녀가 지구로부터 140마일 떨어진 상공에서 시속 17,500마일로 여행한다면, 그녀는 지금 보이는 것과 같은 사람일 수 있을까?'라는 질문에 적합한 지원자였다.

이번이 그녀의 첫 취업 면접이었고, 그녀는 우주 비행사가 되기 위해 지원했다. 1977년이었고, 우주 비행은 여전히 위험을 감수해야 했다. "모든 비행은 여전히 당신이 우주에 갔다가 살아 돌아올 수 있다는 것을 증명하고 있었습니다." 그녀가 말했다. "하지만 그 임무는 마치 폭탄에 올라타는 것처럼 느껴졌습니다." 그럼에도 8,078명의 미국인이 지원했다. 이들 중 5,608명이 기본 직무 요건을 충족했다. 이 중 208명을 선발하여 휴스턴Houston 외곽에 있는 존슨 우주 센터Johnson Space Center에서 일주일 동안 면접을 봤다. 설리번은 "지원자들을 20명씩 나눠서 인터뷰했어요."라고 말했다. "그곳에 도착한 후에야 다른 지원자들을 볼 수 있었어요. 모두 남자였죠. 하지만 상관없었습니다. 저는 야전 캠프나 다름없는 그 면접에 참가한 유일한 여성이었고, 우주선에 탄 유일한 여성이 되었습니다." 군대와 다른 점은 이곳이 남자들뿐이면서도, 클럽이라는 것이었다. "많은 사람들이 서로 알고 있는 사이였다는 것을 알게 되었습니다. 전투기 조종사라든가, 뭐 그런 걸로 말이죠. 저는 스물다섯 살이었습니다. 대학원생이었죠. 돈 한 푼 없는 빈털터리였어요. 반면, 그들은 안정적이었고, 자신들이 무엇을 하고 있는지 잘 알고 있는 것 같았습니다. 저는 그렇지 않았죠. 저는 스스로에게 **캐스린, 일주일 동안 즐기자.'**라고 말했습니다."

가장 중요한 면접은 낯선 사람들이 가득한 긴 테이블에 둘러앉아 이루어진 90분간의 인터뷰였다. 그중 한 명이 조지 애비George Abbey라는 유명한 우주 비행사 프로그램의 책임자였다. 처음에 그는 의자에 기대어 눈을 반쯤 감은 채 아무 말도 하지 않았다. "당신 자신에 대해 말해보세요. 고등학교 시절부터 시작하세요." 그게 다였다. 그는 더는 말하지 않았다. "그는 의도적으로 질문을 정확하게 던지지 않았습니다."라고 설리번이 말했다.

자기 자신에 관해 사람들에게 말하는 것은 그녀의 강점이 아니었다. "저는 자신을 드러내는 사람이 아니에요."라고 그녀가 말했다. 어쨌든, 그녀는 그들에게 자기 자신에 대해 이야기했다. 열세 살 때 그녀는 항공 우주 공학자인 아버지로부터 비행기를 조종하는 법을 배웠다. 1950-60년대에 성장한 소녀로서, 그녀는 모험을 떠나는 데 필요한 티켓이 조종사 자격증이 아니라 언어에 대한 재능이라고 생각했다. 프랑스와 독일에 가본 적은 없었지만 고등학교를 졸업하기 전에 이미 그녀는 그 두 나라 언어를 자유자재로 구사했다. 그리고 더 많은 언어를 배우기로 마음 먹었다. "제 지론은 간단했습니다. 다양한 언어를 배우고, 그것을 세상을 보는 데 사용하는 것이었습니다."라며, 존슨 우주 센터의 구술사 프로젝트에서 그녀는 회상했다. 그녀는 언어학 전공으로 1969년에 캘리포니아대학 산타크루스에 입학했다. 하지만 졸업을 위해서 과학 과목을 이수해야 했고, 그 요건을 충족하기 위해 해양과학 수업을 두 개 수강했다. 그 수업에서 그녀는 인간이 이제 작은 잠수함을 타고 바닷속 14,000피트를 내려가 해저 **지도**를 만들고 있다는 것을 알게 되었다. "너무나 매력적이었어요. 〈내셔널지오그래픽〉 지면에서 늘 보던 것들이 혼합된 과목이었죠."

그녀가 그때까지 상상했던 여행은 동쪽과 서쪽, 남쪽과 북쪽 등 수평적인 것이었다. 그녀는 이제 수직적으로도 상상하기 시작했다. 그리고 그녀는 해저에 있는 지각판을 연구하고 싶어졌다.

그녀는 대학원에 진학해 지질학을 공부하기로 결심했고, 프린스턴을 포함해 지원한 모든 대학에서 전액 장학금 지원과 함께 합격 통지서를 받았다. 그녀는 캐나다 노바스코샤주 핼리팩스Halifax에 있는 댈하우지대학Dalhousie Univesity에 입학하기로 결정했다. 그 이유는 그녀가 대서양 해저의 대양중앙해령으로 알려진 산맥에 관심을 가졌기 때문인데, 여러 가지 측면에서 노바스코샤주는 그것을 연구하기에 가장 좋은 장소인 것처럼 보였다. 노바스코샤주에 도착한 바로 그 순간부터 그녀는 자신을 매료시킬 만한 잠수함을 찾기 시작했다. 대양중앙해령을 가까이에서 조사하기 위해서였다. "저는 학자로서의 경력을 쌓으면서, '어떻게 하면 저런 잠수함에 탈 수 있을까?'라고 스스로에게 물었습니다. 저는 직접 가서 보길 원했습니다."

NASA에서 우주 비행사를 새로 선발한다는 소식을 그녀에게 전해준 사람은 그녀의 오빠였다. 그는 신문에서 NASA가 25세에서 40세 사이의 모든 미국인 중 키는 6피트(약 183센티미터) 이하이고, 몸무게는 180파운드(약 82킬로그램) 이하이며, 어떤 종류이든 과학 학위를 소유하고 있다면 로켓선 탑승에 지원하라고 광고하는 글을 읽었다. 그는 이미 지원했고, 그녀도 지원해야 한다고 생각했다. 여성들은 처음으로 격려의 말을 들었다.

소수자들도 마찬가지였다. 지원자에게 필요한 것은 다음과 같은 몇 가지 특징이었다―현대 연구용 비행기 비행과 유사한 위험 요소를 수용하려는 의지, 엄격하고 가혹한 환경 조건을 견딜 수 있는 능력, 스트레스 또는 비상 상황에서 적절하게 대응할 수 있는 능력. 그전까지만 하더라도 NASA는 죽음의 위험을 냉정하게 판단할 수 있는 테스트 파일럿Test Pilot을 주로 찾고 있었다. 이제 그들은 과학자, 적어도 과학적 사고를 지닌 사람들을 찾고 있었지만, 동시에 싸움꾼의 기질도 요구했다. 설리번은 자신의 오빠가 하는 말을 진지하게 듣지 않았다. **정말 그들이 해양학자를 채용할까? 게다가 여성인 나를?**

몇 주 후, 이번에는 과학 저널을 읽다가, 그녀는 우연히 우주비행사를 모집한다는 글을 또 만나게 되었다. 정말로 여성 과학자를 원하는 것처럼 보였다. 그리고 그녀는 자신이 그들이 찾고 있는 그런 여성일지도 모른다는 것을 직감했다. "저는 도서관에서 평범한 소녀들이 읽는 책을 빌려 집으로 가져온 적이 없었어요." 그녀가 회상했다. "저는 지도와 지도가 들려주는 이야기에 매료되어 있었습니다." 그녀는 또한 손재주가 있었고, 상황이 어떻게 돌아가는지 재빨리 알아차리는 능력이 있었다. "저는 어린 시절, 인형 놀이에 재능이 없는 아이였어요." 존슨 우주 센터 구술사 프로젝트의 인터뷰 진행자에게 그녀가 말했다. "저는 인형이 재미있다고 생각하지 않았습니다. 대신, 저는 인형의 **집**이 건축적인 관점에서 볼 때 흥미롭다는 사실을 발견했습니다. 집을 **짓는** 것이요. 그리고 저는 그것들을 다르게 배치하고 싶었습니다. 저는 가구를 이리저리 옮기고 싶지도 않았고, 절대로 일어나지 않는 인형들 사이의 대화를 상상하고 싶지도 않았습니다. 또 다른 집을 지으러 가자, 저에게는 그게 더 흥미로웠습니다."

NASA의 우주 비행사 프로그램 책임자는 그녀에게 자신에 대해 말해달라고 부탁했지만, 그녀는 그들이 지원자에게서 다른 무언가를 찾고 있다는 것을 직감했다. 그들은 아무 말도 하지 않고, 그녀가 폭풍우 속에서 연구를 수행 중인 배에 탔던 이야기의 결론에 도달할 때까지 귀를 기울였다. 그녀가 가장 좋아했던 것은 해양학 연구 분야였다. "바다에 있는 동안 발생하는 모든 상황에 어떻게 적응할지 알아내면서, 필요한 데이터를 정확성까지 갖춰서 가지고 돌아옵니다. 저는 그 도전을 너무나 좋아했습니다."라고 그녀가 말했다. "그리고 다음 해에 다시 바다로 나갈 수 있도록, 수집한 데이터를 정리하고 서류를 작성합니다."

그녀가 폭풍우 속에서, 그것도 한밤중에, 중요한 연구 장비들이 어떻게 고장이 났는지를 설명하고 있을 때, 조지 애비는 돌연 그녀의 말을 가로막았다. 그때 당시, 그녀는 어둠 속에서 보트로 이동하여 각 구역을 조사해야 했다. 탐험을 책임지고 있던 해양학자는 처음 몇 시간 동안은 그녀가 씨름하는 것을 지켜봤지만, 마침내 심술궂게 변했다. 그는 그녀에게 "그 망할 것들 좀 고쳐놔라."라고 말하고는 잠자리에 들었다.

"그래서 당신은 어떻게 했죠?"라고 애비가 그녀에게 물었다.

"제가 어떻게 했냐는 게 무슨 뜻이죠?"라고 그녀가 말했다.

"우리는 그걸 고쳤습니다."

"그런 다음 자러 갔나요?" 다시 그가 물었다.

"저는 그때, **'아니, 이 멍청아, 나는 자러 가지 않았어.'**라고 말할 뻔했습니다." 대신에 그녀는 폭풍우 속에서 자신의 장비를 제대로 고쳤는지 확실히 확인하기 위해 두 시간을 더 깨어 있었다고 설명했다. 후에 NASA는 그녀에게 마이어스-브릭스 성격 유형검사(MBTI)를 받게 했다. 사실상 모든 우주 비행사들과 마찬가지로, 그러나 미국 인구의 약 85%와 달리, 그녀는 '임무 주도형' 타입으로 나타났다. "임무 주도형 타입은 우주 비행사 집단에서는 많이 찾아볼 수 있습니다."라고 그녀가 말했다. "반면 몽상가나 영업사원과 같은 집단에서는 잘 나타나지 않습니다."

8천 명 정도의 지원자 중에서 NASA는 35명을 우주 비행사로 선발했다. 6명이 여성이었고, 모두 과학자였다. 많은 남성 지원자들은 실제로 전직 전투기 조종사였다. 그들은 자신들을 중요한 인물로 보는 경향이 있었고, 적어도 처음에는 그들과 함께 임무를 수행하도록 배정된 여성 과학자들을 보조원으로 얕잡아 보았다. 설리번은 이러한 무시에 대해 자기 생각을 표현하는 것을 주저하지 않았다. **"당신은 단지 제 택시 운전사에 불과하다는 걸 당신도 알고 있지 않나요?"** 그녀는 조종사 중 한 명에게 그렇게 말하기도 했다. **"제 일은 이 프로젝트에서 주목을 받**

고 있습니다." 그는 그것을 좋아하지 않았겠지만, 실제로 우주 프로그램은 변하고 있었다. 그녀는 "제가 우주 프로그램에 참가했을 때는 우주에 갔다가 다시 살아서 돌아오는 것만 증명하는 것에서 '우리는 여기에서 무엇을 하고 있는가'로 변하고 있었습니다."라고 말했다.

그들이 우주에서 하는 것은 그녀가 이미 지구에서 수행하고 있다고 생각한 것이었다. 바로 탐사와 데이터 수집, 그리고 그것을 이해하는 것이었다. "과학에는 세 가지 중요 요점이 있습니다."라고 그녀가 말했다. "첫 번째, 우주를 플랫폼으로 삼아 지구를 돌아보고, 우주 공간을 내다보는 것입니다. 우리는 우주를 통해 이 행성을 이해할 수 있는 다른 관점을 얻습니다. 두 번째, 우리가 우주에 살고 있다는 것을 알지 못한다는 것을 깨닫기 위해서는 무엇이 필요할까요? 세 번째, 인간의 몸은 중력의 힘에 어떻게 반응할까요? 유체는 어떻게 흐릅니까? 몸은 어떻게 움직일까요?"

처음부터 그녀의 관심을 끈 것은 지구과학이었다. 인류가 지구의 환경을 이해하는 데 중요한 역할을 할 지구의 현재 상태를 알기 위해서는 지구 위에서 촬영한 스냅 사진이 필요했다. 그녀는 "저는 첫 번째 요점에 대한 모든 것을 연구했습니다."라고 말했다.

하지만 그녀는 다른 중요한 요점을 그냥 넘어갈 수는 없었다. 그녀는 그녀의 직업을 행성에 대한 데이터를 수집하는 것으로 보았지만, 많은 다른 사람들은 그녀의 직업을 여성에 대한 데이터를 수집하는 것으로 보았다. 그들은 이제 그녀를 통해 다른 신체를 연구할 수 있었다. 필수 불가결한 일이었지만("저는 실험용 쥐가 되는 것에 대해 적당히 무관심했습니다.") 우주 프로그램의 핵심에 있는 엔지니어들이 여성에 대해 이상한 편견을 가지고 있었기 때문에 올바른 데이터 수집에는 도움이 되지 않았다. 예를 들어, 여성은 급격한 압력 감소에 더 취약하다는 편견이 있었다. "공군이 이 항공우주 의료부대와 함께 일했습니다."라고 그녀가 말했다. "그들은 잠수 후 압력이 높은 곳에서 낮은 곳으로 상승할 때, 여성들이 감압병에 걸릴 가능성이 더 크다고 결론을 내렸습니다. 그들은 여성의 중추신경계에 더 높은 손상이 발생한다고 생각했습니다. 그들은 제가 죽을 수도 있다고 말했습니다." 이에 대해, 설리번은 이렇게 생각했다. **'데이터가 부족하고, 잘못 처리한 데이터도 섞여 있군.'** 그녀는 여성 심해 잠수부들은 더 낮은 수심에서도 특별한 문제를 겪지 않았다고 지적했다.

여성과 남성의 차이는 NASA의 남자 엔지니어에게 더 불가사의했다. 그들에게 있어 우주와 미국 여성 중, 어느 것이 더 신비로웠을까? 오히려 그들은 우주에 대해 더 나은 데이터를 가지고 있는 것처럼 보였다. 예를 들어, 그들은 설리번과 다른 두 명의 여성이 화장을 전혀 하지 않음에도 불구하고, 우주왕복선에 실릴 화장 키트를 준비했다. 그들은 남성 속옷에 사용되는 프리 사이즈 접근법이 여성의 신체에는 적합하지 않다고 여성들이 설명하기 전까지 프리 사이즈로 난연성 브래지어와 팬티를 디자인했다. 마침내 여성들은 자신들에게 맞는 난연성 속옷을 입을 권리를 얻었다. 그리고 여성은 우주에서 소변을 어떻게 볼 것인가? 엔지니어들은 잠시 이 점에 대해 걱정했다. 그들은 남성 우주 비행사를 위한 콘돔 카테터를 갖추고 있었지만, 그것은 소변이 새거나 터질 수도 있는 위험성이 존재했고, 여성들에게는 쓸모가 없을 것이 분명했다. 모두를 안심시키기 위해 NASA의 한 엔지니어는 고흡수성 수지로 만들어진, 모두가 입을 수 있는 기저귀를 만들었다(논의 당시, 그는 미래의 아기 기저귀를 어떻게 만들지 상상했다).

또한, 남성 엔지니어들은 여성이 우주에서 월경을 하게 된다면 어떤 일이 일어날지 심각하게 걱정했다. "여성들이 궤도를 돌 때 월경을 할 수도 있다는 생각은 존슨 우주 센터 전체를 궁지로 몰아넣었습니다."라고 설리번은 말했다. "남성들은 '**오, 괜찮아요. 우리는 월경을 하지 않도록 막을 방법을 찾을 겁니다.**'라고 반응하더군요. 우리는 대척점에 선 사람들을 바라보며 이렇게 말했습니다. '당신과 다른 군부대가 말이죠?'" 마침내 엔지니어들은 보급품 키트에 탐폰을 넣는 것에 동의했다. 설리번은 처음 그녀의 키트를 열었을 때 종이 포장지를 제거한 각각의 탐폰이 플라스틱 불연성 케이스에 밀봉된 것을 보았다. 열접착된 탐폰이었다. 각각의 플라스틱 케이스는 다른 케이스에 연결되어 있었다. 그녀가 가장 위에 있는 것을 잡아당기자, 마치 폭죽의 줄처럼 생긴 빨간 플라스틱 케이스들이 줄줄이 딸려 나왔다. 한 여성이 우주에서 며칠 동안 살아남는 데 필요한 수백 개의 탐폰이었다. "그것은 마치 형편없는 무대 연출 같았어요."라고 그녀는 말했다. "오직 주님만이 이 탐폰이 얼마나 많은지 아시는 것 같았습니다."

엔지니어들은 결국 이 문제를 다시 논의하기 위해 여성 우주인들과 함께 앉았다.

"100개가 적당한 숫자일까요?" 그들이 물었다. 설리번은 NASA가 그들의 신체적 차이를 '남성과 여성을 위한 다른 규칙을 작성하는' 핑계로 삼을지도 모른다고 걱정했다. 그러나 남성 우주 비행사들은 여성의 존재에 매우 빠르게 적응했다. 그녀와 우주에서 함께 걷도록 배정받은 사람은 데이비드 리스트마David Leestma였다. 그들은 함께 시간을 보내면서 유대감을 강화했다. 그들은 우주복을 입고 훈련을 시작했다. 1단계는 그들이 입은 옷을 벗고, 여러 층으로 구성된 225파운드짜리 우주복 —액체 냉각 및 통풍 의복Liquid Cooling and Ventilation Garment—을 입는 것이었다. 시험실은 남성 엔지니어들로 가득 차 있었다. NASA 존슨 우주 센터의 구술사 프로젝트에서 캐스린은 "모든 사람이 우리가 이전에 어떤 인류도 가보지 못했던 곳으로 과감히 항해한다는 것을 깨달았습니다. 바로 이 혼란 속에, 한 여성이 있었습니다."라고 말했다. "그래서 저는 데이브를 보고 이렇게 말했습니다. '데이브, 지금 이런 상황에서 부끄러움

에 대한 제 철학을 말해볼까요?' 그는 약간 몸을 돌려 '그래요.'
라고 말했습니다. 저는 '전 그런 게 없어요.'라고 말했습니다.
그는 '좋아요.'라고 말했습니다. 그리고 우리는 옷을 벗기 시작
했습니다."

　캐스린이 성 차이를 극복하는 드라마에 관심을 덜 가졌을 리
가 없다. 다만, 그녀는 우주에 가서 '잡지 사진으로 보는 것이 아
니라 직접 보는 것'을 원했을 뿐이었다. 그녀는 임무를 수행하기
를 원했다. 그래서 그녀는 우주복에 대해 불평하지 않았다. "그
것은 스몰, 미디엄, 라지 사이즈로 만들어졌습니다. 맞춤형으로
몸에 딱 맞는 것이 아니었어요."라고 그녀가 말했다. "제 무릎은
우주복의 무릎에 맞지 않았습니다. 게다가, 우주복은 단단해서
움직이는 데 정말 힘이 들었습니다. 다리를 구부려야 할 때마다
저는 이 추가적인 족쇄를 극복해야 했습니다." 그녀가 그녀의
우주복이 절대 맞지 않는다는 것을 깨달았을 때쯤, NASA는 그
녀에게 그것을 입으라고 요청했다. "저는 이 문제를 '보세요, 여
자를 뽑으면 이렇게 많은 추가 문제를 일으킬 거라고 말했잖아
요.'라는 편견으로 바꾸고 싶지 않았습니다. 저는 '우리는 모두
이 문제를 참고 견뎠다.'라고 인정받길 원했습니다." 하지만 정
말로, 그녀의 우주복에는 경고 라벨이 붙어 있어야 했다. 우주
복의 성능을 확인하는 시험실에서, NASA의 한 엔지니어가 우
주복의 비상 산소 탱크가 작동되는 스위치를 누르자, 그녀가 입
을 우주복은 거대한 불덩어리가 되어 폭발했다. 캐스린은 "만약

당신이 평소와는 다른 이상한 테스트를 한다면, 당연히 주의를 기울일 겁니다. 하지만 그것은 마치 당신이 평소처럼 자동차의 속도를 올렸을 때, 자동차가 폭발할 것이라고 말하는 것과 다름 없었습니다. 정말 당혹스러웠죠."라고 캐스린이 말했다.

그때가 1984년 10월 11일이었다. 챌린저호는 궤도에 있었고, 그 안에 그녀가 있었고, 그녀는 우주 위를 걸으려고 기다리고 있었다. 공기가 에어로크에서 사라졌다. 그들이 지구에서 이 순간을 시뮬레이션했을 때, 바닥에 물이 있는 베이킹 팬을 놓고, 만약 우주 비행사의 우주복에 이상이 생기면 혈액에 어떤 일이 일어날 수 있는지를 보여주었다. 압력이 떨어지면서 물이 끓듯 세차게 거품이 일었다. 하지만 몇 초 후에 그것은 순식간에 얼어붙어 얼음 결정으로 변했다. 휙. 그들은 "바이저를 열지 마세요!"라고 경고했다.

이렇게 복잡한 임무에서, 당신을 죽일지도 모르는 모든 것을 상상하기란 사실상 불가능하다. 그녀가 에어로크 안의 공중에 떠 있는 바로 그 우주선의 오링(O-ring, 고리 모양의 패킹 재료로 홈에 끼워 압축하면 밀봉 작용을 한다)은 곧 그 점의 가장 유명한 실례가 될 것이었다. 불과 15개월 후, NASA는 고체 로켓 부스터를 밀봉하는 링이 날씨가 추울 때 얼마나 부서지기 쉬운지에 대한 엔지니어들의 경고에 주의를 기울이지 않으면, 부스터가 누출되고 챌린저호가 폭발하여 탑승한 모든 우주 비행사가 사망할 수 있다는 사실을 알게 된다.

나중에 누군가가 그녀에게 왜 그녀가 두려워하지 않는 것 같냐고 물었을 때, 설리번은 이렇게 대답했다. 대학에 다닐 때, 그녀는 그랜드 캐니언 주변을 자신의 남자 친구와 탐험한 적이 있었다. 그들은 위험한 곳까지 가지 등을 베며 나아갔고, 결국 좁은 바위로 뛰어오르거나 가파른 비탈을 굴러야 했다. 조금만 잘못하면 그녀는 죽을 수도 있었다. "그때 제 무릎은 흔들리고 떨렸지만, 저는 지금은 아니라고 생각했습니다." 그렇게 생각하면, 그녀는 정말로 괜찮아졌다. 이 경험을 통해, 그녀는 감정을 제어하는 능력을 발견했다. 그녀는 두려움을 제어할 수 있는 능력이 있었다. 모든 우주 비행사가 그것을 가지고 있다는 것을 그녀는 나중에 알게 된다. "만약 당신이 두려움을 느낀다면, 저는 당신이 거기에 있는 것을 원하지 않습니다."라고 그녀가 말했다. "**여기** 있으세요. **지금**. 여기. 지금. 이건 게임입니다. 그 전에 두려워하십시오. 나중에 두려워하십시오. 도중엔 안 됩니다."

우주복 안에서 챌린저호의 에어로크로부터 압력이 사라져도 그녀는 아무런 변화도 느끼지 못했고, 지구에서 그랬던 것처럼 이곳에서도 이상했다. "항상 생각했죠. 공기가 없다면 이 방은 다르게 보여야 하지 않을까? 하지만 다른 게 없었습니다!" 그녀는 해치를 열기 위해 난간을 따라 움직였다. 그녀는 허공에 머리를 내밀었다. 그리고 그녀는 손을 뻗어 캡슐의 바깥쪽에 있는 갈고리에 몸을 묶었다가, 에어로크 안의 갈고리에 몸을 풀었다. '마운티니어링 101'. 그녀의 몸이 시속 17,500마일로 이동하면서 궤도에 있는 위성에 연료를 주입하는 것이 실제로 가능하다는 것을 증명하기 위해 출발했다. 이로써 그녀는 우주를 걸은 첫 번째 미국 여성이 되었다.

이 첫걸음을 내디디면, 그 명성은 평생 그녀를 따라다닐 것이다. 레이건 대통령은 그녀를 백악관에서 열리는 만찬에 초대하고 그의 옆에 앉힐 것이다. 기업들은 그녀에게 높은 보수를 받는 일자리를 제공할 것이다. 전국의 시민 단체들은 그녀에게 상을 수여하고, 그녀의 이야기를 들려달라고 부탁할 것이다. 롱아일랜드 전체가 금방이라도 그녀에게 연락할 것 같았는데, 왜냐하면 우주의 어느 한 지점에서 그녀가 아래를 내려다보면서 참을 수 없었는지, "이봐, 저기 롱아일랜드가 있어!"라고 외쳤기 때문이다. 그녀는 자신이 이 상황에서 어떻게 할지 선택할 수 있었다. "(무엇을 말하느냐에 따라) 평생 공짜 외식을 할 수도 있었겠죠."라고 그녀가 말했다. "하지만 그것은 제게 천박하게 느껴졌습니다. 저는 제 경험을 **소중하게 여기고** 싶었습니다."

그녀가 '소녀'의 역할을 거절하게 된 것과 같은 내부 과정을 통해, 그녀는 '여성 우주인'의 역할을 수행할 수 있었다. 그녀는 우주로 두 번 더 날아가고, 지구 궤도를 몇백 번 더 유영한 다음, 1990년대 초에 자신이 할 다른 일을 찾아 나섰다. 그녀는 이제 유명 인사였고, 그것을 어떻게 가장 잘 사용할지 결정해야 했다. 그녀는 방금 완벽하게 해낸 임무만큼 중요한 임무를 또 원했다. 그녀는 지구과학을 계속 연구하길 원했고, 과학의 비중이 높은 일을 하길 원했다. 이 점은 놀랍지 않았다. 놀라운 것은 그녀가 마침내 미 상무부Department of Commerce에서 그녀가 맡을 임무를 발견했다는 것이다.

———

그 자신은 몰랐지만, 그녀와 비슷한 시기에 디제이 파틸DJ Patil도 상무부 근처를 배회 중이었다. 당시 그는 메릴랜드대학 캠퍼스에서 책상에 앉아 수학 박사학위를 취득하기 위해 연구하고 있었다. 어느 날, 그는 미국 정부의 컴퓨터에 보안상 허점이 있음을 발견했고, 그가 필요로 하는 것을 얻기 위해 손을 뻗었다. 그에게 필요한 것은 매우 구체적인 데이터였다. 정부의 다른 기관에서 축적한 데이터들과 마찬가지로, 상무부에서도 자신들이 가진 데이터의 가치를 굳이 알아내려고 애쓰지 않았다.

'카오스이론'이라는 용어를 처음 만들어 사용한 제임스 요크 James Yorke 교수와 함께 연구하기 위해, 파틸은 캘리포니아에서 메릴랜드로 왔다. 그 이론은 간단했다. '어떤 작은, 거의 알아차릴 수 없이 작은 사건들이 큰 결과를 초래한다(예를 들어, 어머니와 아버지가 처음 만났던 날. 만약 그런 일이 일어나지 않았다면?).' 그의 인생에 있어 많은 드라마는 어린 시절에 작고 눈에 띄지 않는 사건, 즉 숫자의 순서를 바꾸는 성향에서 비롯되었다. 만약 당신이 '16'을 '61'로 이해한다면, 당신은 학교에서 문제를 겪을 것이다. 그는 주어진 과제에는 어려움을 겪으면서도, 자신에게 주어지지 않은 일에만 몰두했다. 첩보 영화를 본 뒤, 그는 자물 쇠 따기에 흥미를 느꼈다. 그는 다른 아이들의 사물함을 몰래 열어 물건을 안에 넣고 다시 걸어 잠그곤 했다. 단지 아이들을 놀라게 하려는 이유에서였다. 그 이후로 그는 재미로 사람들의 주머니를 터는 법을 배웠다. 어린 그를 의심하지 않는 어른에게 서 자동차 열쇠를 훔치고 차를 옮긴 다음, 다시 열쇠를 그들의 재킷 주머니에 돌려놓곤 했다. 8학년 때는 영어 선생님의 컴퓨 터를 해킹해 성적을 바꿨지만, 들키지 않았다. 9학년 때는 그가 저지른 장난으로 인해 실리콘밸리의 부유한 동네에 있는 언덕 전체가 불에 탔다. 결국 경찰이 그의 권리(미란다 원칙 — 역자주) 를 읽어주는 것을 듣게 되었다. 토지 소유주는 파틸이 앞으로 몇 달 동안 힘든 노동을 하면서 산비탈을 복구한다면 고소하지 않겠다고 합의했다. 그 일을 하는 동안에도 파틸은 악취 폭탄을 터뜨려 영어 수업에서 정학 처분을 받았고, 몇 달 후 수학 수업 에서도 정학을 당했다. 이때쯤에 이르러서는, 그는 이런 처벌은 거의 신경도 쓰지 않았다. 다행히 자비로운 학교장이 성적표의 F를 C로 바꿔준 덕분에(이 사고뭉치 소년만이 'DJ'를 'JD'로 바꿀 수 있는 것은 아니었다), 그는 고등학교를 무사히 졸업할 수 있었다.

데안자대학De Anza Community College에서 그는 우연히 미적 분 수업을 듣게 되었고, 단지 좋아하는 것 이상으로 수업에 흥미를 느꼈다. 그는 자신이 수학에 재능이 있다는 사실을 깨달았다. 미적분 수업은 그의 인생에 있어 큰 결과를 불러온 또 다른 작은 사건이었다. 그가 박사학위를 따기 위해 메릴랜드에 도착했을 때 그는 여전히 수학에 관심이 있었다. 하지만 삶과 자연에서 일어나는, 설명하기 어려운 수많은 사건을 연구하기 위해서 수학으로 무엇을 할 수 있을지에 관한 문제만큼은 아니었다. 그는 "저는 항상 자연의 패턴을 사랑했습니다. 제가 필요한 것은 그것들을 이해하는 도구였습니다. 그리고 저에게 있어서 수학은 가장 현명한 도구였습니다."라고 말했다.

모든 종류의 자연 현상은 카오스이론으로 모델링하고, 이해할 수 있다. 예를 들어, 캘리포니아 해안에서 정어리 개체 수가 붕괴한다거나, 또는 경사면을 고려한다면 설명할 수 없을 정도로 멀리 떨어진 곳의 바위에서부터 흔들림이 시작되어 모하비 Mojave 사막에서 기괴하고 긴 산사태가 발생하기도 했다. "이처럼 장기간에 걸쳐 발생하는 산사태는 이상하게 느껴질 겁니다. 문제는 이겁니다. '어떻게 그렇게 멀리 떨어진 바위로부터 이 일이 일어나게 되었을까?'" 이론상으로, 이 새로운 수학 이론이 그것을 설명할 수 있을 것이다. 그러나 실제로는, 바위들의 움직임이나 정어리 대참사에 대한 충분한 데이터가 없어서 그것들을 효과적으로 연구할 수 없었다. 교통 체증과 미 서부의 늑대와 사슴의 생성-소멸 사이클, 그리고 놀랄 만큼 작은 사건들에 의해 촉발된 수많은 다른 큰 사건들도 마찬가지였다.

그 후 그는 우연히 날씨를 만났다. 항상 관심이 있기는 했지만, 미국 정부가 엄청난 날씨 데이터를 보유하고 있다는 것을 알기 전까지는 날씨를 연구할 만한 대상으로 생각해 본 적은 없었다. 그 데이터는 국립해양대기국 내부에 있었고, 이는 상무부 산하 기관이니 결국 모든 데이터는 상무부의 소유였다. 하지만 그는 아직 이 사실에 대해서는 전혀 알지 못했다. 그는 박사학위 취득에 필요한 데이터를 제공하는 유일한 공급업체인 미국 정부 내의 서버를 배회하고 있을 뿐이었다. "저는 제게 필요한 데이터를 바로 날씨 데이터에서 얻었습니다."

―――――

제2차 세계대전이 끝난 이후, 날씨 데이터의 수집은 세계적인 협력과 공공심의 가능성을 보여주는 가장 큰 사례 중 하나가 되었다. 매일 수천 명의 아마추어 기상 관측자들은, 하늘을 나는 상업용 비행기나 바다를 항해하는 배에 타고 있는 많은 전문가가 하는 것처럼 정부에 자신들이 수집한 데이터를 전송한다. 매일, 하루에 두 번씩, 거의 900개의 기상 관측 기구가 전 세계 900개의 장소에서 방출되는데, 그중 92개가 미국 정부에 의해 방출된다. 미국을 포함한 6개국은 날씨를 수집하기 위해 해수면에 수천 개의 부표를 배치한다. 수십억 달러 규모의 인공위성과 고급 레이더 기지가 수집한 데이터도 있다. 미국기상청만 해도 159개의 고해상도 도플러Doppler 레이더 기지를 보유하고 있다.

다른 나라들이 미국과 날씨 데이터를 공유하는 것처럼, 미국또한 다른 나라들과 날씨 데이터를 공유한다. 그러나 1996년 파틸이 상무부 컴퓨터 서버를 해킹했을 때, 날씨 데이터는 심지어 가장 유능한 해커에게도 알려지지 않았다. 파틸은 "(날씨 데이터는) 공개되지 않았습니다. 하지만 알고 보니 구멍이 뚫려 있었죠."라고 말했다. 그 구멍을 통해 얻은 정보는 너무나 방대해서 메릴랜드대학 수학과에서 보유한 컴퓨터의 용량을 압도할 정도였다. 그래서 파틸은 그가 사용할 수 있는 대학의 다른 컴퓨터를 찾아다녔다. 그는 "저는 정부가 축적한 데이터를 입수해서 갖고 놀 수 있었습니다."라며 "인터넷의 순기능이었죠. 저는 인터넷을 능숙하게 사용할 줄 아는 사람이었습니다. 하지만 제겐 슈퍼컴퓨터가 없었죠. 결국 몰래 작업하는 수밖에 없었습니다."라고 말했다.

그는 매일 밤 8시에 작업을 시작해 아무도 컴퓨터를 사용하지 않는 다음 날 아침 7시까지 일했다. 그는 자신이 빌린 보물을 보관이 가능한 데까지 충분히 쌓아 두었다. "저는 학문적 열망이 강했습니다."라고 그가 말했다. "저는 기상청 데이터를 다운로드했습니다."

데이터를 살펴보면서, 그는 몇 가지 특징을 발견할 수 있었다. 첫째, 일기예보가 그가 상상했던 것보다 훨씬 더 빠르게 개선되고 있었다. 아무도 관심을 기울이지는 않았지만, 역사상 처음으로 기상 예보관의 예측이 정확하게 맞아떨어지고 있었다. 제2차 세계대전 전까지만 하더라도 기상학은 19세기의 의학과 비슷했다. 전문 지식에 대한 수요가 너무 적어서, 당연히 제대로 된 공급이 이루어지지 않았다. 1970년대까지, 기상 예보관은 이용 가능한 기상 정보를 바탕으로 자신의 판단과 개인적 경험에 근거해 일기예보를 제공했다. 기상 예보관의 예측은 보통 36시간 이상까지 연장되지 않았고, 그마저도 **'이 세 주 어딘가에서 눈이 내릴 것으로 예상됩니다.'**와 같이 정확하지 않았다. 아주 오랜 시간 동안, 날씨는 이론적으로만 예측 가능했다. 날씨를 예측하는 여러 방법이 존재했지만, 실제로 날씨를 예측할 수 있는 것은 아니었다.

파틸이 날씨 데이터를 다운로드하기 시작했을 무렵, 날씨 데이터는 이론가들에게까지 충격을 주는 실질적인 진보를 이루었다. 1993년 3월 12일, 이른바 세기의 폭풍이 미국 동부를 강타했다. 그 위력은 엄청났다. 멕시코만의 파도가 200피트짜리 배를 침몰시켰다. 남부의 주 전역에서 주택들이 지붕에 쌓인 눈의 무게로 인해 무너졌다. 토네이도로 수십 명의 사람이 목숨을 잃었다. 동부 해안을 따라 이동 중지 명령이 내려졌다.

하지만 이 폭풍이 이전에 발생한 폭풍들과 달랐던 것은 이것이 모델에 의해 예측되었다는 점이었다. 기상청의 기상학자 루이스 우첼리니Louis Uccellini는 CBS 이브닝 뉴스에 나와, 미국 텍사스주 웨이코Waco에서 벌어진 다윗교도들Branch Davidian의 건물 포위에 대한 보도에 이어서, 앞으로 닥칠 대규모 자연재해에 대한 예측 결과를 발표했다.

TV 진행자들은 이 기상 예보관을 재미있다는 듯이 대했다. 그들은 "기상 예보관은 대개 틀리죠."라고 말하면서 이야기를 끝내곤 했다. 하지만 이번에는 그렇지 않았다. 기상청은 예측 결과를 예보 모델에 의존해 왔고, 폭풍이 닥치기 5일 전부터 그 위치와 심각성을 예측해 왔다. "전례가 없는 일이었습니다."라고 우첼리니는 말했다. "제가 일기예보를 막 시작했던 1970년대에는 자연재해를 예견한다는 생각은 철저히 금지되었습니다. 폭풍이 실제 일어나기 전에 우리가 어떻게 폭풍을 볼 수 있을까요? 이번에 기상청에서는 각 주에 첫눈이 내리기도 전에 비상사태를 선포했습니다. 우리가 예측한 건 정말 놀라웠습니다. 우리는 우리가 한 일에 놀라 이게 어떻게 된 일인지 파악하려 했습니다." 폭풍이 지나간 지 6년 후, 우첼리니는 제2차 세계대전 말경부터 시작된 일기예보의 진보를 "20세기의 가장 중요한 지적 업적 중 하나"라고 말했다.

그 업적들은, 적어도 처음에는 눈에 잘 띄지 않았기 때문에, 의외로 주목을 받지 못했다. 그러나 이제는 일기예보가 어느 날은 날씨를 전혀 예측할 수 없고 그다음 날은 정확하게 예측했던 그 이전과는 달랐다. 그 예측 정확도의 확률에 변화가 일어난 것이다. 그것은 보통의 블랙잭 플레이어와 어떤 카드가 나올지 계산할 줄 아는 블랙잭 플레이어의 차이라고 볼 수 있었다. 시간이 지남에 따라, 그 기술은 하우스(house, 게임 행위를 제공하는 갬블링 시설)에 지는 것이 아니라 이기는 것을 의미하게 되었다. 물론 어느 상황에서든 완벽하게 날씨를 예측하는 것은 아직 불가능했다.

이러한 진전이 큰 사건이라는 것을 파틸은 깨달았다. 역사적인 사건이었다. 여기서 그는 미래를 예측하는 카오스이론이 극대화된 것을 볼 수 있었다. 하지만 반대로도 해석이 가능했다. 역사를 돌이켜 보면서, 날씨를 예측하는 사람들의 능력이 조금이라도 더 좋았거나 나빴다면, 어떻게 상황이 달라졌을지 상상해 볼 수도 있다. 파틸은 "이란에서는 우리가 미처 예측하지 못한 모래폭풍 때문에 인질 구출에 실패했지만, 코소보 공세 Kosovo offensive에서는 우리가 구름이 없다는 것을 예측했기 때문에 매우 효과적이었습니다."라고 말했다. 이제 당신은 어떤 극한의 날씨 사건이라고 해도, 만약 사람들이 그것이 언제 닥칠 것인지 알았더라면 결과가 얼마나 바뀌었을지 상상할 수 있다. 1900년 텍사스주 갤버스턴을 강타한 허리케인은, 얼마나 많은 사람이 죽었는지 아무도 정확히 알지 못할 정도로 순식간에 들이닥쳤고, 그로 인해 약 6천 명에서 1만 2천 명 정도로 추정되는 사망자가 발생했다. 만약 그들이 후손들처럼 날씨에 대해 예측하는 능력이 있었다면, 모두가 살아남았을지도 모른다.

여기 인생의 혼돈에 대한 또 다른 예가 있다. 날씨를 예측하는 능력에 약간의 변화만 있더라도 환상적인 파급 효과가 생긴다. 날씨는 그 자체로 변덕스럽고, 지구상의 어딘가에서 발생하는 약간의 기상 변화가 다른 곳에서는 큰 영향을 미칠 수도 있다. 파틸처럼 학계에 몸담은 기상학자들은 이 사실을 잘 알고 있었다. 문제는 그것을 위해 '무엇을 해야 하는가'였다. 메릴랜드대학의 기상학과에서는 새로운 아이디어를 내서 기상청이 예측 모델에 대한 접근 방식을 바꾸도록 자극하여, 예측에 관한 새로운 움직임을 주도했다. 1992년 12월 이전에는 기상학자들이 단순히 그들이 가지고 있는 데이터(풍속과 기압, 해양 온도)를 예측 모델에 연결했다. 하지만 이러한 방식으로는 지구의 날씨가 대부분 관찰되지 않았다. 확실한 데이터가 없었다. 결과적으로 보면 모델에 입력된 데이터값의 대부분이 단지 추정치에 불과했다. 실제로 인간은 지구상 모든 지점에서 풍속, 기압, 습도, 그 밖의 어떤 것도 알지 못했다.

메릴랜드와 다른 몇몇 기관에서 추진한 새로운 아이디어는 바로 다른 초기의 기상 조건과 함께 날씨예측모델을 반복해서 실행하는 것이었다. 그들은 합리적으로 조건을 약간씩 변경했다. 즉, 풍속이나 10,000피트 상공의 기압, 해양 온도와 같은 조건을 변경했다(이것을 시행하는 것 자체가 기술이었다). 이렇게 스무

번을 실행하면, 스무 번의 다른 예측 결과가 나왔다. 이처럼 다수의 예측을 통해 하나의 예측보다 더 정확하게 날씨를 예측할 수 있었는데, 이는 각각의 예측에 따른 불확실성을 포착했기 때문이었다. 이를 통해 "허리케인이 여기로 갈 겁니다." 아니면 "허리케인이 어디로 가고 있는지 모릅니다."라고 말하는 대신, "우리는 허리케인이 어디로 갈지는 확실히 모르지만, 당신이 결정을 내릴 수 있도록 확률을 제공할 수는 있습니다."라고 말할 수 있었다.

새로운 기술은 '앙상블 예측Ensemble forecasting'이라고 불렸다. 이는 허리케인과 같은 기상 재난뿐만 아니라 평상시 제공되는 일기예보에도 불확실한 부분이 포함되어야 함을 의미했다('왜 그렇게 하지 않는가'는 좋은 질문이다). "토요일에 폭풍이 온다."라는 예측은 모든 앙상블 예측에서 폭풍이 온다는 결과가 도출된다면, 한 가지 의미밖에 없다. 그러나 일기예보 중 일부는 토요일에 비가 올 가능성이 없다고 말하고, 다른 일부는 폭풍이 올 것이 거의 확실하다고 말한다면, 이것은 불확실성을 의미한다. 일기예보는 실제로 이러한 불확실성을 반영해야 하지만, 현실은 그렇지 않다. 파틸은 "왜 신문은 항상 우리에게 5일간의 예보만 제공할까요?"라며 "때로는 이틀간의 예보를 해야 할 때도 있습니다. 또 다른 경우에는 14일간 예측해야 합니다."라고 말했다.

파틸이 정부 데이터베이스의 보안 허점을 발견했을 때, 기상청은 예보를 종합하고, 매일 12개 이상의 예보를 생산했다. 어떤 날에는 일기예보가 대체로 일치했다. 현재의 기상 조건의 추정치에 따르면 약간의 변화가 미래 날씨의 큰 변화로 이어지지 않았다. 그러나 어떤 날에는 약간의 변화가 극적인 결과를 불러왔다. 즉, 때로는 날씨가 매우 예측하기 어려웠고 때로는 그렇지 않았다. 파틸은 불확실성이 어떤 식으로든 심각성과는 관련이 없다는 사실을 곧 깨달았다. 즉, 5급 허리케인은 의심의 여지 없이 계속 5급 허리케인일 수 있으며, 다른 때는 그렇지 않을 수도 있었다. "왜 어떤 폭풍의 경우 예측 결과가 모두 동일하고, 다른 폭풍의 경우 예측이 모두 다르게 나타날까요?" 그가 물었다. 왜 날씨는 때때로 매우 예측이 쉽고, 다른 때는 예측하기 어려울까? 아니면 파틸이 말했듯이, "브라질에서 날개를 퍼덕이는 나비의 날갯짓이 오클라호마주에 토네이도를 일으키거나, 또는 일으키지 않는 이유는 무엇일까?"

정부의 데이터를 토대로 파틸은 날씨의 예측 가능성 자체가 계량화될 수 있다는 새로운 아이디어를 제시할 수 있었다. 그는 "우리는 모두 날씨가 변덕스럽다는 것을 잘 알고 있습니다."라고 말했다. "문제는 날씨가 변덕스러울 때도 얼마나 예측을 잘할 수 있느냐는 거죠. 날씨가 안정적일 때와 비교하여, 우리는 날씨 예측이 아무리 어려운 상황이라도 예측을 할 수 있어야 합니다." 결국 그는 자신의 논문에서 주어진 특정 순간에 날씨를 얼마나 정확하게 예측할 수 있느냐는 새로운 통계를 다루었다.

2001년 여름, 논문 심사를 마쳤을 때, 그는 미국 정부의 데이터로 그가 무엇을 할 수 있었는지에 놀랐다. "당신이 만약 대학원생이라면, 당신은 당신의 연구가 그렇게 썩 나쁘지 않기를 희망하겠죠. 그렇다고 해서 당신의 연구가 엄청 대단하리라고는 기대하지 않을 겁니다." 그는 기상학자가 아니었다. 하지만 그는 날씨를 설명할 수 있는 새로운 방법을 찾아냈다. 또한, 그 자신이 어디에 관심이 있는지도 발견할 수 있었다. 바로 데이터였다. 날씨 외에 새로운 것을 발견하기 위해, 그는 또 어떤 데이터를 사용할 수 있을까?

데이터와 그가 가진 야망의 관련성은 2001년 9월 11일의 테러 공격 이후 조금 더 명확해졌다. 그는 "무엇보다도 이번 테러의 원인은 데이터 분석의 실패라고 생각했습니다."라고 말했다. "만약 우리가 신호와 잡음을 구별하는 방법을 알았더라면, 우리는 그것을 보고 테러를 막을 수 있었을 것입니다. 우린 '이봐, 왜 이 남자들이 갑자기 비행 교습을 받는 거지?'라고 말했겠죠." 테러리스트들이 신용카드를 사용하는 것만 제대로 분석되었더라면, 그들이 아무 짓도 할 수 없도록 막을 수 있었을 것이다. 파틸은 "좋은 네트워크의 이미지는 복잡하게 얽혀 있습니다. 그 복잡함을 흉내 내기란 정말 어렵습니다."라며, 신용카드를 가지고 미국인으로 위장하는 것은 몹시 어려운 일이죠."라고 말했다.

파틸의 세계에서 가장 큰 문제는 이것이었다. '데이터를 사용하여 미국의 이익에 대한 위협을 어떻게 식별할까?' 이 무렴, 메릴랜드의 이 젊은 박사후연구원은 국방위협감소국Defense Threat Reduction Agency을 책임지는 한 남자의 강연에 참석했다. 미 국방부 내에 있는 이 기관은 대량살상무기로부터 미국을 방어하는 임무를 맡고 있었다. 이 기관은 테러 네트워크를 이해하여 테러범들을 막을 수 있었다. 파틸은 "저는 강연을 듣고 **'잠깐만요.'**라고 말했습니다."라고 회상했다. "저는 네트워크를 특정 방식으로 공격하면 네트워크가 붕괴될 수 있다는 아이디어를 내놓았습니다. '네트워크가 안정적입니까, 불안정합니까?'라는 질문은 일기예보에 관한 질문과도 비슷합니다." 뇌우처럼, 테러 조직은 혼란스러울 수 있다. 테러 조직은 다른 많은 보안 문제와 함께 카오스이론을 통해 더 잘 이해될 수 있을 것이다. "테러리스트의 조직에서 노드(중심점)를 뽑아내면, 그 조직이 붕괴될까요? 또는 그 반대로 생각해야 할지도 모릅니다. 노드를 제거해도 전력망이 붕괴되지 않도록 하려면, 어떻게 설계해야 할까요?"

그가 가진 데이터 기술을 활용할 수 있을 거라고 생각했기 때문에, 그는 테러 네트워크에서의 패턴을 찾을 것으로 기대되는 국방부에서 일을 시작했다. 그러나 그의 새 고용주는 그를 컴퓨터실에 집어넣는 대신, 러시아인들이 남긴 생화학 무기 비축량을 추적하고 파악하도록 몇몇 구소련의 영토로 보냈다. "그들은 저에게 '우즈베키스탄과 카자흐스탄에 가십시오.'라고 말했고, 저는 '저는 **수학자**입니다.'라고 말했습니다. 제가 가장 먼저 물어본 질문은 '왜 접니까?'이었습니다. 그들은 '이보세요, 당신은 박사 아닙니까?'라고 말했습니다. 그리고 저는 '전 그런 종류의 박사가 아닙니다.'라고 대답했습니다. 그러자 그들은 이렇게 말했습니다. '충분히 가까이 가면, 당신이 그것에 대해 뭔가 알아내겠죠.'" 그 후, 그들은 그를 이라크로 보냈다. 학교 시스템을 재건하는 것을 돕기 위해서였다. 모든 업무가 흥미로웠고, 많은 것들이 유용했지만, 그의 깊은 야망과는 큰 관계가 없었다. "사람들은 여전히 어떻게 데이터를 혁신할 수 있는지에 대해 제대로 인식하지 못했습니다."라고 그가 말했다.

심지어 그가 어린 시절을 보냈던 실리콘밸리로 다시 돌아왔지만, 놀랍게도, 그곳에 있는 사람들까지도 이 점은 다르지 않았다. 거기서도 그는 데이터로 하고 싶은 일을 할 수 없었다. "저는 단지 제가 어디에 도움이 될 수 있는지 알아내려고 했을 뿐입니다."라고 그가 말했다. "구글은 물론, 야후도 제 기술에 주목하지 않았어요." 그의 어머니가 이베이에 아는 사람이 있었던 덕분에, 그는 결국 떳떳하지 못한 방법으로 고용되었다. 이베이에서 그는 사기 행각을 탐지하는 새로운 방법을 찾기 위해 자신의 상사를 설득하려고 시도했지만 결국 실패했다.

마침내 그는 '링크드인LinkedIn'이라고 불리는 새롭고 지속적으로 성장 중인 회사로 이직했다. 링크드인은 구직자가 이력서를 올리고 그들만의 작은 네트워크를 만들려고 시도하는 곳이었다. 그의 새로운 상사는 그를 분석 및 데이터 제품 팀의 책임자로 임명했다. 그곳에서 그는 처음으로 자신의 말을 들어 주는 청중을 발견했다. "저는 악당들이 어디에 있는지 알아내기 위해 사용하는 것과 같은 도구들을 직무 기술로도 사용할 수 있었습니다."라고 그가 말했다. "저는 사람들에게 기술이 집중되는 곳을 보여줄 수 있습니다. 그들이 일할 수 있는 곳을 말이죠. 군대에서 화약 처리 훈련을 받았다면, 그 사람은 채굴을 잘할 겁니다." 그가 링크드인에서 만든 분석 기술은 정확히 그러한 일을 해냈다. 즉, 한 군용 폭탄 전문가가 광산에서 폭발물을 설치하는 일을 찾을 수 있도록 도움을 주었다.

몇 년이 지나자, 데이터 분석은 흥밋거리에서 떠오르는 산업으로 주목받았다. 데이터에 대한 수요는 정치 캠페인에서 야구 팀 경영에 이르기까지 모든 것을 압도했다. 링크드인에서 파틸은 분석가, 비즈니스 분석가, 데이터 분석가, 리서치 연구원과 같은 급증하는 유사한 직책을 설명하는 일을 맡았다. 그러자, 인사담당자들은 회사에 데이터 관련 직책이 너무 많다고 그에게 불평했다. 회사가 상장을 앞두고 있었고, 조직도를 정리할 필요가 있었다. 이를 위해 파틸은 페이스북에서 같은 문제를 다루고 있는 동료와 이야기를 나누었다. 이 모든 데이터와 관련된 사람을 뭐라고 부를 수 있을까? '데이터 과학자Data Scientist'라고 그의 페이스북 동료가 제안했다. 파틸은 "우리는 어떤 새로운 분야를 만들려고 하지 않았습니다. 우리는 단지 인사 관리의 부담을 덜어주려고 노력했을 뿐입니다."라고 말했다. 그는 일부

채용직의 직함을 '데이터 과학자'로 대체했다. 놀랍게도, 그 일자리에 지원하는 사람들의 수가 급증했다. '데이터 과학자'는 사람들이 되고 싶은 직업이었다.

2014년 가을, 백악관의 누군가가 그에게 전화를 걸었다. 당시 대통령이었던 오바마는 샌프란시스코로 와서 그와 만나기를 원했다. 파틸은 "그는 자신의 선거운동에서 데이터의 힘을 목격했습니다. 그리고 나라를 변화시키는 데 데이터를 사용하는 것이 새로운 기회라는 것을 잘 알고 있었습니다."라고 말했다. 백악관이 그에게 그의 아내와 함께 대통령과 만나고 싶은지를 물었을 때, 파틸은 오바마가 대화 이상의 것을 원한다고 생각했다. 8년 만에 그는 실리콘밸리에서 취직에 어려움을 겪는 남자에서 미국 대통령이 공직을 맡아달라고 부탁하는 남자가 되었다. 오바마가 파틸에게 워싱턴으로 오지 않겠냐고 제안했을 때, 이에 응한 것은 파틸의 부인이었다. "데이터가 도움이 될지 어떻게 알죠?"라고 그녀가 물었다. 그러자 오바마는 "만약 부인의 남편이 모든 사람이 말하는 것처럼 유능하다면, 그가 알아낼 것입니다."라고 말했다. 그래서 파틸은 거절하기가 더 어려워졌다.

파틸은 워싱턴에 갔다. 그의 임무는 미국 정부가 만든 데이터를 어떻게 더 잘 활용할 수 있을지를 알아내는 것이었다. 그의 직함은 수석데이터과학자Chief Data Scientist였다. 그는 그 일을 맡은 첫 번째 사람이 되었다. 그는 제일 먼저 페니 프리츠커Penny Pritzker 상무부 장관, 국립해양대기국의 캐스린 설리번 국장과 만나기 위해 상무부를 방문했다. 그들은 파틸과 만나자 기뻐하면서도 그가 온 것에 약간 당황했다. 파틸은 "그들은 제가 거기 온 것에 약간 놀라는 것 같았습니다."라고 회상했다. "'저는 데이터 담당자이고, 당신들은 데이터 에이전시입니다. 그리고 여기가 바로 엄청난 양의 데이터가 있는 곳입니다.'라고 제가 말했습니다. 그러자 그들은 '맞습니다, 그런데 당신은 어떻게 그 사실을 알았습니까?'라고 물었습니다."

———

아무도 상무부가 무엇을 하는 기관인지 정확히 이해하지 못하는데, 이는 미국의 여타 정부 부처처럼 상무부 역시 그 이름이 명백히 잘못 지어졌기 때문이다. 상업과는 직접적으로 거의 아무런 관련이 없으며, 실제로도 상무부가 사업에 관여하는 것은 법으로 금지되어 있다. 그러나 이 기관에서 수행하는 인구조사는 미국을 지탱하는 자국민에 대해 말해주는 유일한 수단이다. 국가의 모든 경제 통계를 수집하고 해석하므로, 이러한 통계 자료가 없다면 국가 경제 상황에 대해서는 아무것도 파악할 수 없다. 또한 상무부는 특허청Patent and Trademark Office을 통해 국가의 모든 발명품을 추적한다. 상무부 산하에는 미국표준기술연구소National Institute of Standards and Technology라는 잘 알려져 있지는 않지만 매우 영향력 있는 기관이 있다. 노벨상 수상자로 가득한 이 기관은 건축 자재는 물론, '초'와 '인치'에 이르기까지 거의 모든 것의 기준을 정한다(실제 우리가 생각하는 것보다 훨씬 더 복잡한 작업이다). 하지만 상무부가 매년 지출하는 약 90억 달러 중 50억 달러를 국립해양대기국에서 사용하고, 또한 그 돈의 대부분은 날씨를 파악하는 데 사용된다. 국립해양대기국은 의회 도서관의 전체 장서량보다 2배나 많은 데이터를 매일 수집한다. "상무부는 오해의 소지가 가장 큰 정부 부처 중 하나입니다. 모든 사람이 상무부가 사업에 관여한다고 생각하죠." 오바마 행정부에서 상무부 장관 대행을 역임했던, 현재는 위스콘신대학의 총장인 레베카 블랭크Rebecca Blank가 말했다. "물론 사업적으로 가치가 있는 공공재를 생산하기도 하지만, 엄밀히 말해서 상무부는 사업과는 관련이 없습니다. 새로 임명된 모든 장관은 상무부가 무역에 관여한다고 생각합니다. 하지만 무역은 상무부가 하는 일의 10% 정도나 될까요?" 실제로는 상무부를 '정보부'라고 불러야 할 것이다. 또는 '데이터부'라고 부를 수도 있다.

이제 곧 미국 정부를 운영해야 한다는 사실을 깨닫고 난 후에도, **'미국 정부에 대해 파악하기'**는 트럼프 행정부의 최우선 과제가 아니었다. 대통령 선거가 끝나고 바로 그다음 월요일, 미국 정부의 나머지 부서에서 일어났던 것과 똑같은 일이 상무부 내에서도 일어났다. 수십 명의 공무원이 온종일 앉아서 결국 들지도 않을 브리핑을 하기 위해 기다리고 있었다. 그들은 트럼프의 사람들이 인수 팀을 파견하여 여기에서 무슨 일을 하고 있고, 왜 하는지에 대해 파악하기를 기대했다. 지난 8년간 오바마가 골치를 앓았던 문제는 곧 트럼프의 문제가 될 것이었다. 하지만 그의 사람들은 그것에 대해 알고 싶어 하지 않는 것처럼 보였다. "그들은 아무도 상무부에 들여보내지 않았습니다."라고 상무부의 한 고위 관리가 말했다. "그들은 상무부의 어떤 부분에도 거의 관심을 기울이지 않았습니다. 인구 조사의 경우, 그들은 그것을 파악하는 것에 관심이 없어 보였습니다. 인구 조사는 순전히 무역에 관한 것이나 상무부 인력 규모에 관한 일로 치부되었습니다."

1월 초까지, 이곳을 누가 어떻게 운영해야 하는지 알기 위해 국립해양대기국에 나타난 사람은 아무도 없었다. 11월 말에 들어서야, 트럼프는 79세의 억만장자인 윌버 로스Wilbur Ross를 차기 상무부 장관으로 지명했다. 몇 주 후, 로스는 페니 프리츠커와 단 한 번의 만남을 가졌다. "그는 혼자 왔습니다."라고 그를 맞이했던 한 사람이 회상했다. "저는 깜짝 놀랐어요. 그냥 아주 나이 많은 남자가 혼자서 왔다니까요. 그리고 그는 자신이 무엇을 하게 될지 전혀 모르는 것이 분명했습니다. 그리고 그는 상무부에 아무런 도움도 주지 못했습니다."

로스는 또한 문제가 있는 인사였다. 그의 자산 중 20억 달러 이상의 금액이 누락되었다. 〈포브스Forbes〉 기자인 댄 알렉산더

Dan Alexander는 로스가 공직자윤리국Office of Government Ethics에 제출했던 재산 공개 서류를 조사하다가, 로스가 실제로 가진 돈과 그가 〈포브스〉 기자들에게 밝힌 액수에 많은 차이가 있다는 사실에 충격을 받았다. **어떻게 37억 달러가 갑자기 7억 달러가 되었을까?** 37억 달러는 로스가 〈포브스〉에 말한 자신의 재산이었다. 그는 〈포브스〉에 지난 13년 동안 매년 자신의 재산 목록을 보냈고, 그래서 그는 이 잡지가 선정한 연간 400명의 부자 명단에 오를 자격을 얻게 되었다. 그는 항상 〈포브스〉의 후속 질문에 제대로 대답하지 못했기 때문에, 명단을 작성한 〈포브스〉의 사람들은 그 금액을 29억 달러로 줄였다. 로스의 자산에 대해 보수적으로 추정한 금액이었다.

알렉산더는 〈포브스〉에서 선정한 부자 명단을 작성한 직원 중 한 명이었으며, 그래서 〈포브스〉 파일에 접근할 수 있었다. "저는 이 점이 좀 이상하다고 생각했습니다."라고 그는 말했다. "저는 액수가 정확하게 맞지 않다는 사실에 골머리를 앓았습니다. 그래서 저는 로스에게 전화를 걸어 그것에 대해 그가 무슨 말을 하는지 들어보았습니다. 그는 마치 억울한 누명을 썼다는 듯이 말했습니다." 로스는 그저 선거와 취임식 사이에 상속인이 소유한 신탁에 그가 가진 20억 달러를 **주었기** 때문이라고 주장했다.

알렉산더는 처음에 윌버 로스가 미국 정부로부터 돈을 숨긴 것으로 추측했다. 그러나 로스의 이야기에 난 거대한 구멍을 메

우라고 상무부에 압박을 가한 후에, 그는 로스가 〈포브스〉를 속였다는 사실을 깨달았다. 무려 13년 동안이나. "저는 〈포브스〉 파일을 다시 분석했습니다."라고 알렉산더가 말했다. "〈포브스〉는 처음에 그의 펀드 중 하나에 투자자가 가지고 있는 돈을 로스의 자산으로 계산했습니다. 저는 누군가가 그 사실을 그냥 내버려 뒀다는 것에 놀랐습니다. 그는 리스트에 오를 자격이 없었지만 운 좋게 리스트에 오를 수 있었습니다. 일단 리스트에 오르자, 그는 거짓말을 했습니다. 그것도 십수 년 동안 말이죠." 〈포브스〉 기자들은 부자들이 자기 재산의 크기에 대해 그들을 속이는 것에 익숙했지만, 부자들 중 거의 대부분은 자기 이름을 명단에서 **빼려고** 노력해 왔다. "이 잡지 역사상 오직 세 사람만이 그들이 속한 것보다 더 높은 위치에 오르기 위해 엄청난 노력을 기울였습니다."라고 알렉산더가 말했다. "그중 한 명은 사우디 왕자 알 왈리드Alwaleed였습니다. 두 번째는 도널드 트럼프였습니다. 그리고 세 번째가 바로 윌버 로스였습니다."

알렉산더는 윌버 로스가 자산 중 20억 달러를 누락하여 정부에 보고한 것이 아니라, 애초부터 20억 달러를 가져본 적이 없었다는 스캔들을 폭로했다. 알렉산더는 자신의 조사 결과를 썼고, "그 후, 저는 윌버 로스와 함께 일했거나 윌버 로스를 위해 일했던 사람들로부터 많은 전화를 받았는데, 그들은 마침내 진실이 밝혀져 얼마나 기쁜지에 대해 말해주었습니다."라고 밝혔다. 로스와 25년간 함께 일했던, 로스의 옛 회사에서 삼인자였던 사람은 로스의 거짓 기록에 대해 "윌버는 진실을 왜곡하는 것에 문제가 없다고 생각합니다."라고 말하기도 했다. 문제는, 윌버가 바로 트럼프가 우리 사회의 밑거름이 되는 데이터의 무결성을 지키기 위해 선택한 사람이라는 점이었다.

다행스럽게도 상무부 내부에는 2017년 봄, 한 줄기 희망의 빛이 찾아왔다. 3월에 트럼프 백악관은 실제로 상무부에서 8년간 근무한 조지 W. 부시 행정부의 기후정책 고문에게 도움을 요청했다. 부시 행정부의 전 관리는 "트럼프의 사람들이 상무부로 들어왔고, 그들은 상무부에 국립해양대기국이라는 부서가 있음을 발견했습니다. 그리고 그 부서가 상무부 예산의 60%를 차지한다는 사실을 알게 되었습니다. 그들은 '국립해양대기국이 도대체 뭡니까?'라고 물었습니다."라고 말했다.

부시 행정부의 전 관리는 워싱턴 D.C.로 날아가, 윌버 로스와 지난 몇 달 동안 로스가 운영했던 부서에 관한 이야기를 나누었다. 부시 행정부의 전 관리는 그에게 **상무부가 정말로 상무부가 아니라고** 여러 방면으로 설명했다. **상무부는 과학기술부이자 거대한 데이터 수집 업체였고,** 그중 가장 큰 데이터 수집가가 바로 국립해양대기국이었다. 국립해양대기국은 또한 어업을 규제하고, 해저 지도를 작성했으며, 정보 수집에 사용되는 선박과 비행기의 함대를 관리했다. 상무부는 토머스 제퍼슨 Thomas Jefferson이 몬티첼로Monticello에 보관한 날씨 기록을 바탕으로 기후와 날씨 데이터를 수집했다. 만약 날씨 데이터가 없었다면 그리고 그 데이터를 이해하는 기상청이 없었다면, 어떤 비행기도 날지 못했을 것이고, 어떤 다리도 만들어지지 못했을 것이다. 전쟁도 일어나지 못했을 것이며, 설사 전쟁이 일어났다 해도 좋은 결과를 얻지는 못했을 것이다. 날씨 데이터는 또한 기후 데이터였다. "만약 당신이 기후 변화를 믿지 않는다고 해도, 적어도 기후 자체를 이해하고는 싶을 것입니다."라고 부시 행정부의 전 관리가 말했다. 그리고 만약 당신이 기후를 이해하기를 정말로 원한다면, 국립해양대기국의 데이터를 특별히 관리할 필요가 있다.

부시 행정부의 전 관리가 이 신임 상무부 장관에게 단 한 번의 만남에서 말하고 싶은 모든 것을 이해시킬 방법은 없었다. "국립해양대기국은 야생 짐승과 같습니다."라고 그는 말했다. "전국적으로 1만 2천 명의 직원이 작은 사무실에 분산되어 있습니다. 그러나 국토안보부와 국방부를 제외한 다른 어떤 기관보다 미국인을 보호하는 데 더 큰 역할을 합니다." 부시 행정부의 전 관리는 로스에게 국립해양대기국에 대한 자신의 요점을 정리해서 말했다. "국립해양대기국은 믿을 수 없는 값어치를 가졌지만, 모두가 그것에 대해 쓸모없는 것이라고 생각합니다."라고 그는 말했다. "국립해양대기국에서 일하는 직원들은 위대합니다. 그들은 돈을 벌기 위해 거기에 있지 않습니다. 그들은 임무를 수행하기 위해 일합니다." 그리고 그는 로스에게 다음과 같은 질문을 했다. "부서를 운영하기 위한 당신의 철학은 무엇입니까?"

"무슨 말씀이시죠?"라고 로스가 물었다.

"이 부서는 실제로 상무부가 아닙니다."라고 부시 행정부의 전 관리는 말했다. "이들의 임무는 과학과 기술입니다."

"네, 저는 그런 의미에는 집중하고 싶지 않다고 생각합니다." 라고 로스가 말했다.

"그가 과학과 기술이 무엇을 의미하는지 고민하지 않는다는 것은 명백했습니다."라고 부시 행정부의 전 관리는 말했다. "그는 과학자로서의 천성을 타고나지 않았습니다."

그 정도는 괜찮았다. 상무부 장관은 계속 경제부 장관 행세를 할 수도 있었다. 그러나 그는 과학을 이해하는 사람들을 반드시 그의 밑에 배치할 필요가 있었다. 부시 행정부의 전 관리는 새 행정부가 국립해양대기국을 운영할 적임자를 찾는 것을 돕기 위해 자신을 영입했다고 생각했다. 그는 트럼프에게 적대적이지 않으면서 자격도 갖춘 공화당원들을 알고 있었다. 그는 트럼프 백악관에 이 일을 충분히 잘할 수 있고, 정치적으로도 받아들일 수 있는 6명의 명단을 건네주었다.

6개월 후인 2017년 10월, 백악관은 누구를 선택했는지 발표했다. 바로 배리 마이어스Barry Myers였다.

배리 마이어스는 부시 행정부의 전 관리가 건넨 명단 어디에도 없던 인물이었다. 그는 최초의 사설 기상회사 중 하나인 아큐웨더의 CEO였다. 이 회사는 1962년에 그의 형제인 기상학자 조엘 마이어스Joel Myers에 의해 세워졌다. 그의 셋째 형이 회사를 경영하는 것을 도왔고, 배리 마이어스의 아내 홀리Holly를 포함한 다른 가족 구성원들이 이 회사에 경영진으로 참여했다. 이 회사는 여전히 마이어스 일가의 개인 소유였기 때문에 정확히 얼마나 큰 회사인지, 얼마나 많은 돈을 벌었는지, 어떻게 벌었는지 알기가 어려웠다. 마이어스 지명자의 조사를 맡은 미 상원의 직원들은 아큐웨더가 연간 약 1억 달러의 수익을 올렸으며, 그 수익은 주로 웹사이트에 광고를 게재하거나 날씨 예보를 판매한 데 따른 것으로 계산했다. 일부 날씨 괴짜들은 최근이 회사가 자신의 앱을 사용하는 고객의 위치를 팔고 있다는 것을 발견했는데, 심지어 고객들이 이를 아큐웨더에 동의한 적도 없었다. 어쨌든, 미국 상원 청문회에서 배리 마이어스는 그가 가진 아큐웨더 주식의 가치가 약 5,700만 달러라고 추정했다.

얼핏 보기에, 그가 지명된 것은 타당했다. 일기예보에 깊이 관여한 사람이 날씨 파악에 대부분의 자원을 투자하는 기관을 운영할 것이기 때문이었다. 그러나 다시 보면, 배리 마이어스와 아큐웨더 둘 다 매우 부적절했다. 우선, 배리 마이어스는 기상학자나 과학자도 아니었다. 그는 변호사였다. 그는 2014년 〈월스트리트저널Wall Street Journal〉과 "원래는 학부생일 때 기상학을 전공하려고 했어요. 하지만 형편없는 학생이라는 이유로 학교를 중퇴하게 되었습니다. 저는 기상학에 대해 배우는 데 전혀 관심이 없었어요. 지금 생각해 보면, 좀 웃긴 일이죠."라고 인터뷰하기도 했다.

그리고 아큐웨더도 문제였다. 이 회사는 가스회사와 스키 리조트에 기상청의 정보를 재포장하고 판매하는 것으로 돈을 벌기 시작했다. 그들은 날씨를 예보할 때 기상청보다 낫다고 주장했지만, 다른 기업과 차별화된 날씨를 예측할 수 있는 능력으로 마케팅을 하지는 않았다. 민간 기상 산업이 성장함에 따라, 아큐웨더가 경쟁업체들과 차별화하려는 시도는 더욱 이상한 방향으로 나아갔다. 예를 들어, 2013년에 이 회사는 45일간의 일기예보를 발표하기 시작했다. 2016년에는 무려 90일간의 일기예보를 발표했다. 이를 두고 CBS의 메릴랜드 학파 기상학자인 댄 새터필드Dan Satterfield는 "이건 과학이 아니라 손금 보기와 별점 같은 것입니다."라고 비난하기도 했다. "이런 종류의 과학은 비난받아야 합니다. 만약 당신이 스마트폰에 아큐웨더 앱을 가지고 있다면, 저는 과학을 미신으로 대체하는 것이라고 말씀드리고 싶습니다."

그리고 아큐웨더는 민간 기상 사업에서 혼자 기상청이 놓친 폭풍을 "우리가 찾았다."라고 주장했다. 전형적인 공식 발표는 다음과 같았다. "**2018년 2월 24일 저녁, 여러 토네이도가 미시시피강 북쪽 지역을 휩쓸면서 광범위한 피해와 사상자가 발생했습니다. 아큐웨더 고객들은 정확한 스카이가드SkyGuard(아큐웨더의 동반 앱) 경보를 수신받았으며, 정부의 기상청이 발령하는 공공 경보나 그것에 의존하는 다른 기상 정보 제공자들이 제공한 것보다 유용한 정보와 더 긴 리드 타임lead time을 제공받았습니다.**"

그러나 아큐웨더의 모든 공식 발표에는 다음과 같은 몇 가지 문제가 있었다―1) 그 예측은 비공개되었고, 그 고객들이 누구인지도 이름을 밝히지 않았기 때문에, 이 주장이 사실인지 확인할 방법이 없었다. 2) 설령 사실이라고 해도 큰 의미가 없었다. 민간 토네이도 경보를 판매하는 회사는 자신들이 판매할 예측을 선택할 수 있다. 만약 그 회사의 기량이 기상청을 능가한다면, 그 위용을 자랑하는 공식 발표를 할 수 있다. 반대로, 기상청 때문에 회사가 낮게 평가받을 수도 있다. 하지만 적어도 가끔씩은 더 나은 평가를 받을 것이다. 즉, 멍청한 블랙잭 플레이어도 때때로 카드 카운터를 이길 수 있다. 그러나 미국 상업 항공산업 분야에서 날씨를 예측하는 웨더컴퍼니Weather Company(IBM의 자회사)의 CEO 데이비드 케니David Kenny는 "아큐웨더의 이러한 발표를 했지만, 기상청의 토네이도 예측과 비교했을 때 근본적으로 아큐웨더가 더 낫다는 데이터는 없습니다."라고 말했다.

각종 일기예보의 상대적인 정확성에 있어 권위자에 가장 가까운 것은 '포캐스트어드바이저ForecastAdvisor'라는 웹사이트이다. 그것은 많은 기상 연구처럼, 우연히 시작되었다. 설립자인 에릭 플로에르Eric Floehr는 소프트웨어 개발자 팀을 관리하고 있었고, 그는 새로운 프로그래밍 언어를 연습할 데이터를 찾고 있었다. 그 와중에 그는 일기예보를 우연히 발견했다. 그리고 우스꽝스러운 상황을 목격했다. 모든 기상 캐스터가 서로가 더 낫다고 주장하고 있었다. 당연히 그들 모두가 옳을 수는 없었다. "2003년, 제가 이 일을 시작했을 때 민간 기상회사들—예를 들어, 아큐웨더는 '우리가 업계 1위 예측자입니다!'라고 광고했습니다. 그래서 저는 그들에게 전화를 걸어 물었습니다. '당신의 회사는 다른 회사보다 가장 정확히 예보한다고 주장합니다. 회사에서 무엇을 근거로 그렇게 주장하고 있습니까?' 그들은 제게 과학 박람회를 위해 워싱턴 D.C.의 여름 3개월 동안의 예보를 연구하여 작성한 학부 논문을 팩스로 보내주었습니다. 그들이 그러한 주장을 하는 데 가장 적합하게 편집된 데이터였습니다."

이후 13년 동안 플로에르는 8억 개의 일기예보를 수집했다. "저는 궁금했어요. 정말 다른 점이 있을까? **만약 제가 켄터키주 퍼두커Paducah에 산다면, 아큐웨더를 봐야 할까요, 아니면 웨더 채널을 봐야 할까요?**" 자, 보시라. 정말 차이가 있었다. 얼핏 보기에는 간단한 최고 기온을 예측하는 문제에서, 몇몇 예보는 다른 예보들보다 더 정확했다. 하지만 그들 중 누구도 항상 한결같이 나은 예측을 하지는 못했다. 일부는 다른 지역보다 특정 지역에서 더 정확했다. 어떤 회사는 다른 회사보다 일 년 중 어떤 특정 달에만 더 정확했다. 그러나 토네이도 경보나 허리케인 경보, 홍수 경보, 또는 기타 생명을 위협하는 날씨에 대해 누가 더 잘 예측하느냐는 질문에는 대답할 수 없었다. 왜냐하면 민간 회사들은 돈을 많이 내는 고객들 외에는 그 사건들에 대한 그들의 예측을 아무에게도 공개하지 않았기 때문이다.

그래서 플로에르는 어느 날이든 최고 기온을 예측할 수 있는 모든 기관의 능력을 분석했다. 2003년부터 2011년까지, 기상청의 예측은 아큐웨더를 포함한 가장 정확한 민간 일기예보만큼이나 좋았다. 2011년 이후, 민간 일기예보는 기상청보다 약간 더 정확했다. 그러나 플로에르는 "그들이 토네이도 경보나 홍수 경보를 발령한다고 해도, 저는 반드시 기상청에 귀를 기울일 것입니다. 지금 당장은 아큐웨더나 웨더채널을 신뢰하지 않을 것입니다."라고 말했다.

플로에르는 분석을 통해 일기예보의 두 가지 큰 추세를 발견할 수 있었다. 먼저, 민간 부문의 상대적인 정확성이 높아졌다. 물론 이는 기상청의 예측 데이터에 전적으로 의존한 결과였다. 다른 하나는 모든 일기예보가 놀라울 정도로 향상되었다는 점이었다. 2016년 5일간 예측은 2005년의 하루 예측만큼이나 정확했다. 지난 몇 년 동안, 역사상 처음으로, 9일 후가 얼마나 더울지에 대한 기상학자의 예측은 그저 추측만 하는 것보다 훨씬 나아졌다.

배리 마이어스는 그가 연방정부와 경쟁하고 있다고 표현하는 것을 좋아했다. 만약 그렇다면, 그 경쟁은 정말로 기이했다. 상무부는 그가 상품을 만드는 데 필요한 대부분의 원천을 그에게 공짜로 주었다. 기상 위성, 기상 레이더, 기상 부표, 그리고 기상 관측 기구가 없었다면, 그 회사는 비용을 절감할 수도 없었을 것이고, 들을 가치가 있는 일기예보도 하지 못했을 것이다. 아큐웨더와 다른 민간 일기예보 회사가 무엇을 하든 간에, 자신들의 예보를 좀 더 구체화하기 위해 그들이 할 수 있는 일은 기상청에서 예보를 하지 않으면 불가능하다. 데이비드 케니는 "만약 기상청 예보가 없다면, 모든 민간 일기예보는 더 나빠질 것입니다."라고 말하기도 했다.

그러나 기상청은 법적으로 서비스의 가치를 알리는 것을 금지당했고, 만약 이 기관이 자신을 선전한다면, 배리 마이어스는 모든 방법을 동원해 압박을 가할 수 있었다. 아큐웨더는 일기예보의 정확성에 대해 어떤 종류라도 자신들이 원하는 대로 터무니없는 자랑을 할 수 있었고, 자신들의 예측에 사용된 정보를 제공했던 바로 그 사람들을 깎아내릴 수도 있었다. 그에 반해, 기상청의 기상학자들은 이에 대응할 실질적인 능력이나 방법이 전혀 없었다. "저희는 그들에게 발길질하고 소리를 질러서 허위 혐의로부터 스스로를 방어할 필요가 있었습니다."라고 전 오바마 행정부의 상무부 관계자가 말했다. "기상청 직원들은 절대 자신들을 믿으라고 주장하지 않습니다. 기상청 직원들은 항상 어떻게 하면 더 나은 일을 할 수 있을지, 매우 자기 비판적인 질문을 합니다. 이것은 바로 공공 안전 의식에서 비롯되었습니다. 8살 때부터 과학과 서비스를 사랑했기 때문에 진심으로 이 일을 하는 것이지, 남들에게 공치사를 듣거나 공로를 인정받는 것에는 전혀 신경 쓰지 않습니다."

그것은 슬픈 사실이었다. 공무원들은 스스로를 방어할 수 없었고, 미국 정부 밖에서 그들을 옹호하는 것에 깊은 관심을 가진 사람도 거의 없었다. 1990년대까지, 배리 마이어스는 기상청이 인간의 생명과 재산이 위태로울 때를 제외하고는 아큐웨더의 유료 고객이 될 수 있는 미국인에게 날씨 관련 정보를 무료로 전달하는 것을 완전히 금지해야 한다고 직설적으로 주장하기도 했다. 또한, 마이어스는 위험한 발언을 하기도 했다. 그는 민간 기상 분야와 정부 간의 기묘한 관계를 연구한 컨설팅 회사인 맥킨지McKinsey에 "기상청이 재난 경보에 대한 최종 결정권을 가질 필요는 없습니다. 고객과 민간 부문에서 이러한 문제를 해결할 수 있어야 합니다. 정부는 예측 사업에서 손을 떼야 합니다."라고 말하기도 했다.

2005년, 아큐웨더의 고향인 펜실베이니아주의 상원의원이자 마이어스 가족의 선거운동 기부금 수혜자인 릭 샌토럼Rick Santorum은 이 주장을 법률로 제정할 수 있는 법안을 제출했다. 약간 모호하긴 했지만, 이 법안은 기상청의 웹사이트나 대중과의 의사소통 수단들을 없애는 것처럼 보였다. 이 법안은 기상청이 시민들이 자연재해로 사망할 위급한 순간에만 경보를 발령할 수 있게 허용했다. 그러나 평상시에는 그렇게 할 수 없도록 막은 것이다. 그렇지만, 만약 기상청이 날씨를 예측하지 않는다면, 어떤 잘난 민간 기업도 날씨를 정확히 예측할 수 없을 것이다.

잠시 이러한 책략의 대담성에 대해 생각해 보자. 이러한 예측에 필요한 데이터를 수집하기 위해 미국 납세자들이 납부한 수십억 달러의 세금 덕분에 일기예보는 완전히 달라졌다. 그리고 민간 기업은 미국 납세자의 세금으로 수십 년 동안 이루어진 기상 연구, 국제 데이터 공유 조약, 그리고 기상청이 만들어 낸 바로 그 예측에 의존한다. 결국, 이 법안은 기상청이 실제로 미국 납세자들에게 무료로 알려줘야 하는 정보에 대해 전부 다시 비용을 내라고 강요하는 것이나 다름없었다.

샌토럼의 법안이 통과되지 못한 후, 아큐웨더의 전략은 기상청 내부 직원들에게 다른 모습으로 나타났다. 마이어스는 기상청과 직접 소통하는 데 더 많은 시간을 보냈다. 그는 여러 국립해양대기국 자문 위원회에서 한 자리를 차지했다. 그리고 그는 부시 2기 행정부에서 국립해양대기국을 운영했던 콘래드 라우텐바허Conrad Lautenbacher에게 아큐웨더의 이사직을 주었다. 그는 기상청의 업무를 방해하는 찰거머리 같은 존재였다. 그리고 그는 기상청이 자신의 이익을 위협할 만한 일을 하려고 하면 훼방을 놓았다. 토네이도 '조플린'이 지나간 후, 기상청은 대중에게 경보를 더 널리 퍼뜨리기 위해 자체 앱을 만들기 시작했다. 마이어스는 아큐웨더에 이미 날씨 앱이 있으며, 정부가 그것과 경쟁해서는 안 된다고 항의했다(한 기상청 고위 관리는 "배리 마이어스의 존재가 바로 우리에게 앱이 없는 이유입니다."라고 말했다). 2015년, 웨더컴퍼니는 국립해양대기국의 위성 데이터를 구글과 아마존이 소유한 서버의 클라우드에 저장하는 것을 돕겠다고 제안했다. 국립해양대기국에 들어온 거의 모든 위성 데이터는 아무도 그것을 다시 볼 수 없는 곳에 저장되어 있었다. 웨더컴퍼니는 그저 대중이 그것을 이용할 수 있게 하려고 노력했다. 마이어스는 만약 그들이 그렇게 한다면, 기상청을 고소하겠다고 위협했다. "그는 저희의 제안을 막았습니다."라고 데이비드 케니가 말했다. "우리는 이 기술을 국립해양대기국에 무료로 제공할 용의가 있었습니다. 우리는 단지 우리가 할 수 있다는 것을 증명하기 위해 과학 프로젝트를 하고 싶었습니다."

마이어스는 웨더컴퍼니가 미국 정부에 기술을 제공함으로써 어떻게든 상업적 이익을 얻을 수 있다고 주장했다. 그러나 아큐웨더에 대한 진정한 위협은 더 많은 사람이 날씨 데이터에 접근하는 것이었다. 케니는 "이것은 예측을 할 수 있는 연산력을 갖춘 모든 사람에게 큰 도약이었을 것입니다."라고 말했다. 당시 상무부의 한 고위 관리는 민간 부문의 한 회사가 공공 안전 문제에 얼마나 크게 개입했는가에 충격을 받았다. 그는 "이들은 근본적으로 납세자의 달러로 생산된 공공재를 가져다가 돈을 벌면서, 소수의 특권층만 그 혜택을 누릴 수 있도록 계책을 꾸미고 있었습니다."라고 말했다.

2018년 초, 배리 마이어스는 정당한 것처럼 보이지 않는 절차를 거쳐 국립해양대기국 운영에 관한 상원 표결에서 한 표 차이로 승리했다. 그가 어떻게 그 표를 확보했는지는 적어도 그의 지명을 조사한 상원 직원들의 눈에 비추어 볼 때, 매우 의심스러웠다. "우리는 백악관으로부터 많은 소식을 듣지 못했습니다."라고 한 직원이 말하기도 했다. "하지만 아큐웨더의 로비스트는 항상 여기에 있었습니다. 국립해양대기국이 그에게 하도급을 받은 것이나 마찬가지인데, 정말 이상합니다. 트럼프 대통령은 '그것이 당신에게 가치가 있다면, 그걸 차지하라.'라고 말하곤 합니다. 평소 같으면 백악관이 나서서 그렇게 했을 겁니다." 이에 대해 마이어스는 자기 입장을 얼버무렸다. 인준 과정 동안, 그는 아큐웨더 이사진에 있는 사람들의 명단을 밝히라는 요청을 받았다. 마이어스는 거절했고, 그 정보는 회사의 것이며 자신이 공개할 수 있는 것이 아니라고 반박했다. 하지만 얼마 전 비공개회의에서 그는 아무렇지도 않게 명단을 떠벌렸다(이사진 중 몇 명은 그의 가족 구성원이었다). 그는 자신이 가진 아큐웨더의 지분을 매각할 거라고 주장했지만, 어떻게 또는 누구에게 그렇게 할 것인지는 밝히지 않았다. "그는 자신의 아큐웨더 주식을 팔 것이라고 말했지만, 자신의 형제에게 1달러에 팔 수도 있고, 그가 사무실을 떠날 때 1달러에 그것을 다시 살 수도 있습니다."라고 전 공직자윤리국 국장이었던 월터 샤웁Walter Shaub이 말하기도 했다.

기상청과의 기이한 경쟁에서 배리 마이어스가 이길 수 있는 두 가지 방법이 있었다. 하나는 그의 가족 사업이 계속해서 더 나은 일기예보를 만들어 내고, 그것의 우수성을 통해 고객들이 돈을 지불하도록 신뢰를 얻는 방법이었다. 다른 하나는 기상청의 예보를 더 나쁘게 만들거나, 최소한 접근성이 떨어지게 하는 정당하지 못한 방법이었다. 공무원으로서 그는 훨씬 더 많은 일을 할 수 있었지만, 민간 회사의 CEO로서 마이어스는 기상청이 더 나빠 보이도록 하는 데 상당한 에너지를 쏟았다. 이에 대해 "배리는 전례 없이 위험한 인물입니다. 어떤 면에서는 스콧 프루이트Scott Pruitt가 위험하지 않을 정도입니다."라고 한 상원 직원이 말했다. "스콧 프루이트는 그가 파괴하려는 환경보건국 Environmental Protection Agency을 전혀 이해하지 못하고 있었습니다. 그러나 배리가 가진 기술은 국립해양대기국을 해체하는 데 있어 정말 효과적이었습니다. 그가 할 수 있지만 우리는 결코 이해할 수 없는 일이 수백만 가지일 겁니다."

또 다른 맥킨지 연구에서는 날씨 관련 전체 산업이 연간 20억에서 40억 달러의 매출을 올렸고, 빠르게 성장하고 있다고 추정했다. 이유가 있었다. 1980년대의 자연재해로 인한 비용은 연간 500억 달러였다. 허리케인 샌디Hurricane Sandy만으로도 650억 달러 이상의 비용이 들었다. 기상청과는 달리, 민간 기상 산업은 자연재해로 벌 수 있는 돈에 관심이 많다. 재난이 더 거대하고 그로 인한 복구 비용이 더 많이 들수록, 더 많은 사람이 재난 경보를 받기 위해 더 많은 돈을 낼 것이다. 더 많은 사람이 손해를 볼수록, 사람들은 더 많은 돈을 내려고 할 것이다. 사람들이 돈을 더 많이 낼수록, 민간 기상 산업은 선출된 공무원들에게 더 많은 돈을 기부할 수 있고, 이것은 정치 과정에서 더 많은 영향을 미칠 것이다.

디스토피아의 엔드게임은 예측하기 어렵지 않다. 바로 당신이 돈을 낸 일기예보만을 받는 날이다. 그리고 민간 회사가 허리케인이 어디에 상륙하는지 기상청보다 더 잘 알고 있을 것이다. 회사는 그 정보로 무엇을 할까? 대중에게 이 정보를 알릴 수도 있겠지만, 헤지펀드 안에서 거래하지 않을까? 만약 당신이 휴스턴에서 알기 전에, 허리케인 하비Hurricane Harvey가 휴스턴에 어떤 재난을 가져올지 미리 알고 있다고 생각해 보자. 그렇다면, 당신은 휴스턴을 도와줄까? 아니면 휴스턴의 파괴로 돈을 벌 수 있는 기발한 방법을 찾을까?

2015년 3월, 미래의 한 버전이 모습을 드러냈다. 기상청은 토네이도가 오클라호마주 무어Moore를 강타하기 전에 그것을 발견하지 못했다. 그것은 매우 빠르게 회전하고 사라졌지만, 그래도 기상청 사람들은 그것을 발견했어야 했다. 아큐웨더는 토네이도가 강타하기 12분 전에 무어에 있는 유료 기업 고객들에게 토네이도 경보를 보냈다고 재빨리 공식 발표했다. 중요한 점

은, 아큐웨더가 토네이도 경보를 방송하지 않았다는 것이다. 그
것을 받은 사람은 돈을 지불한 사람들뿐이었고, 그렇지 않은 사
람들은 다행히도 하느님께서 도우셨다. 토네이도가 무어를 덮
치기 전, 아큐웨더의 네트워크 채널은…… 하마가 수영하는 영
상을 방송하고 있었다.

트럼프 백악관의 요청에 따라 부시 행정부의 전 관리가 국립
해양대기국을 운영하는 데 적합하다고 판단되는 인물 명단을
작성했을 때, 그는 배리 마이어스의 이름을 넣을 생각이 전혀
없었다. 그는 "저는 이익이나 주주에게 관심이 있는 사람이 생
명을 구하고 재산을 보호하는 일을 맡지 않았으면 합니다."라고
말했다. 하지만 이 말은 그 이상의 뜻을 내포했다. 배리 마이어
스를 국립해양대기국의 책임자로 임명한 것은 미국 정부가 수
집한 데이터에 대한 통제권을 그에게 준 것이나 마찬가지였다.
부시 행정부의 전 관리는 "더 많은 사람이 날씨 데이터에 접근
하도록 허용하는 것이 국가에는 더 이롭습니다."라고 말했다.
"날씨 데이터 안에는 정말 많은 황금 같은 정보가 숨겨져 있습
니다. 사람들이 어떻게 취할지 모를 뿐이죠."

———

디제이 파틸은 2014년 사람들이 그 황금을 찾는 것을 돕기

위해 워싱턴으로 갔다. 그는 작년에 오바마가 서명한 행정명령을 좀 더 쉽게 풀어서, 기밀이 아닌 모든 정부 데이터를 공개적으로 열람할 수 있도록 하고, 기계로 판독할 수 있도록 해야 한다고 설명했다. 파틸은 자신을 고용한 사람이 퇴임하면 같이 퇴임해야 한다고 생각했기 때문에, 그에게는 주어진 시간이 2년밖에 없었다. 그는 "저는 새로운 데이터를 수집할 시간이 없었습니다."라고 말했다. "저는 단지 정부가 보유한 데이터를 공개하려고 했을 뿐입니다."

그는 정보를 이해할 수 있는 사람들과 정보를 최대한 많이 연결해, 그들이 데이터를 새롭고 흥미로운 방법으로 사용하도록 독려하기 시작했다. "제가 학생이었을 때, 저는 저와 같은 사람들을 찾고 있었습니다."라고 그는 말했다. "우리는 모든 데이터를 공개하고, 모든 경제학과에 가서 '이보세요, 박사학위를 원하십니까?'라고 말했습니다. 모든 정부 기관에는 대답해야 할 질문이 있습니다. 그러나 우리가 얻은 대부분의 답변은 정부 기관에서 나온 것이 아니었습니다. 그것들은 데이터에 접근할 수 있는 수많은 미국 대중에게서 나왔습니다."

오피오이드 위기Opioid Crisis가 대표적인 사례였다. 보건복지부의 데이터 과학자들은 처방한 약에 대한 정보를 담고 있는 저소득층의료보장제도 및 노인의료보험제도Medicaid and Medicare 데이터를 공개했다. 〈프로퍼블리카ProPublica〉의 기자들은 그것을 샅샅이 뒤져 오피오이드(마약성 진통제) 처방에서 농도가 이

상함을 발견했다. "공개된 데이터가 없었다면 오피오이드 위기가 있었다는 것을 우리는 결코 알아내지 못했을 것입니다."라고 파틸은 말했다.

연방정부가 축적한, 가공되지 않은 데이터는 미국인의 삶을 들여다볼 수 있는 창이다. 경제학자 라즈 체티Raj Chetty가 이끄는 스탠퍼드대학의 연구 팀은 국세청Internal Revenue Service이 새롭게 공개한 데이터를 사용하여, 미국 생활에서 기회의 문제를 다룬 일련의 논문을 작성했다. 이 중 '아메리칸 드림의 소멸The Fading American Dream'이라는 제목의 논문은 간단한 질문을 던졌다. '미국 아이가 부모보다 더 잘살게 될 가능성은 얼마나 될까?' 국세청 데이터는 체티가 세대를 걸쳐 미국인들을 연구할 수 있게 해주었고, 인구 조사 데이터 덕분에 그는 인종, 성별, 또는 그가 분리하고자 했던 특성별로 미국인들을 비교할 수 있었다. 데이터에서 그는 자신의 질문에 대한 답을 찾았고, 그 외에도 더 많은 것들을 찾아냈다. 그는 1940년에 태어난 사람들의 90% 이상이 부모보다 더 많은 돈을 번 반면, 1980년대에 태어난 사람들 중에서는 50%만이 그렇다는 것을 발견했다. 매년 미국 아이들의 경제적 장래는 점점 더 어두워졌다. 그리고 이것의 가장 큰 원인은 낮아지는 경제 성장률이 아니라, 바로 점점 더 불평등해지는 돈의 분배였다. 점점 더 많은 이득이 매우 부유한 사람들에게로만 돌아가고 있었다. 계층의 이동성 또한 인종적 차원에서 비롯되었다. 상위 소득 계층에서 태어난 백인 아이는 하위 계층으로 떨어지는 것보다 그곳에 머물 가능성이 5배나 더 컸다. 반면 고소득층에서 태어난 흑인 아이는 부자가 되는 것만큼이나 바닥으로 떨어질 가능성도 컸다.

파틸이 생각하는 것 이상으로 미국의 현안은 올바른 정보에 대한 더 나은 접근만으로도 더 잘 이해되고, 해결될 수 있었다. 과도한 경찰력 사용 문제는 미국의 고질병이었다. 미국 미주리주 퍼거슨Ferguson에서 한 백인 경찰이 무방비 상태의 흑인 남성을 과잉 진압하여 숨지게 한 사건이 발생한 뒤, 백악관은 미국 10개 도시의 경찰서장들과 함께 이와 관련된 데이터를 수집했다. 치안 유지 데이터는 지역적이고 파악하기 어려웠으나, 파틸은 이 데이터 안에도 황금 같은 정보가 있다고 믿었다. 그는 정부가 수집한 정보로 무엇이 가능한지 보여주고 싶었다. "우리는 다음과 같은 질문을 했습니다. '경찰력을 과도하게 사용하는 원인이 무엇일까?'" 이 10개 도시의 데이터를 조사하면서, 몇몇 미국 대학의 연구 팀이 육안으로는 발견하기 어려운 패턴을 발견했다. 정서적으로 혼란스러운 상황, 즉 자살이나 아이가 관련된 가정폭력 신고가 들어온 상황에서 경찰관들은 과도한 폭력을 행사할 가능성이 더 컸다. 이것은 나쁜 경찰 한 사람만의 문제가 아니었다. 아마도 이것은 경찰의 감정적인 상태가 문제일 가능성이 컸다. 파틸은 "위에서 급한 공문을 보내고, 경찰들이 심리적 부담감을 풀 시간도 없이 바로 현장으로 투입됩니다. 만약 경찰들에게 휴식을 준다면, 그들은 다르게 행동할 수도 있을 것입니다."라고 말했다.

　백악관의 이 젊은이는 또 다른 경찰 데이터에서 불심검문율을 찾아냈다. 그는 차에 탄 흑인이 경찰에 의해 세워질 가능성은 차에 탄 백인과 비교해 그다지 높지 않다는 사실을 발견했다. 차이는 그 이후에 발생했다. 파틸은 "당신이 만약 흑인이면, 수색을 당할 확률이 훨씬 높습니다."라고 말했다. 그러나 그는 또 다른 패턴을 알아차렸다. 모든 경찰이 똑같은 인종적 편견을 보이는 것은 아니었다. 남부 한 도시의 몇몇 경찰들은 차를 세우게 한 뒤 흑인 한 명을 수색할 가능성이 다른 지역 경찰들보다 열 배나 높았다. 백악관에서, 이 젊은 연구원은 그 데이터를 해당 도시 경찰서장에게 보여주었다. 파틸은 "그는 정말 몰랐습니다. 그는 '제게 좀 더 자세히 말해주시겠습니까?'라고 요청했습니다."라고 말했다.

　결국 파틸은 정부가 수집한 산더미같이 쌓인 정보 속에 숨어 있는 가능성에 충격을 받았다. 그는 "처음에는 그 범위가 어느 정도인지도 파악하지 못했습니다."라고 말했다. 당신이 만약 어떠한 가능성을 보고 싶다면, 즉 똑똑한 사람들이 데이터에 빠져들었을 때 사회 전체가 얻을 수 있는 가치를 보고 싶다면, 데이비드 프리드버그David Friedberg를 주목하길 바란다.

2006년, 프리드버그는 마운틴 뷰Mountain View에 있는 그의 직장에서 샌프란시스코로 가는 빗속을 운전하다가, 비가 올 때 사람들이 얼마나 다르게 행동하는지 알아차렸다. 날씨는 비록 프리드버그가 일했던 구글에는 두드러진 영향을 끼치지 않았지만, 모든 종류의 사업에 영향을 끼쳤다. 프리드버그의 눈길을 사로잡았던 특정 사업은 엠바카데로Embarcadero의 베이사이드 빌리지Bayside Village 근처의 자전거대여 회사였다. 비가 올 때, 아무도 자전거를 빌리지 않았다.

그건 당연한 일이었다.

프리드버그는 5년 전에 캘리포니아대학에서 천체물리학 학위를 받고 졸업했다. 그는 열여섯 살에 대학에 합격했고, 아직 스물일곱 살밖에 되지 않았다. 그는 캘리포니아에서 살았고, 구글에서 일했기 때문에 그가 이렇게 생각에 골몰하는 것은 제2의 천성이었다. **'만약 내가 데이터를 손에 넣고 날씨 위험을 정량화할 수 있다면, 나는 그것을 필요로 하는 사업체에 날씨 보험을 팔 수 있을 거야.'** 스키장, 항공사, 유틸리티 회사, 골프장, 해변 휴양지의 여행사 등 그가 돈을 벌 수 있는 산업에는 끝이 없었다. 심지어 정부까지도. 일례로, 뉴욕시는 눈이 1인치 쌓일 때마다 180만 달러의 비용을 사용했다.

그는 자신을 후원할 몇 명의 친구, 신생기업과 벤처기업에 투자하는 사람들을 찾았고, 날씨 데이터를 수집하고 분석하기 위해 수학자들을 고용했다. "수학자들은 쓸모없어 보이는 걸 생산하죠."라고 그는 말했다. 그의 수학자들은 곧 상무부 내부에서 풍부한 날씨 데이터를 발견했다. 그들은 기상청이 200개의 기상 관측소에서 수집한 강우량과 기온 데이터를, 요청하여 받았다. 그들은 국립해양대기국이 지난 40년 동안 모든 미국 공항에서 강우량과 온도 데이터를 수집하고 있었다는 사실을 알게 되었다. 그리고 그들은 국립해양대기국이 158개의 레이더 시설을 운영한다는 것을 알게 되었고, 이것이 지난 50년 동안 미국에 내린 비를 기록한 데이터에서 높은 비율을 차지했으며, 미국에서 일어난 다른 일들도 기록했다는 것을 알게 되었다. 우주왕복선 컬럼비아호가 공중에서 폭발하는 사고가 발생했을 때도, 미국 정부는 국립해양대기국의 레이더를 이용하여 그 잔해 조각을 발견할 수 있었다.

연방정부는 프로야구단인 보스턴 레드삭스Boston Red Sox가 메이저리그 선수들에 대해 데이터를 가지고 있는 것처럼, 날씨 데이터를 가지고 있다. 하지만 레드삭스와 달리, 연방정부는 그 데이터의 가치를 이용하기 위해 거의 아무런 노력도 기울이지 않는다. 일례로 레이더 기지의 이미지를 들 수 있다. 그 이미지 데이터는 노스캐롤라이나주 애슈빌Asheville에 있는 국립해양대기국 사무실 지하에 보관된 테이프에 저장되어 있었다. 데이터를 자신들이 사용할 수 있는 형태로 가져오기 위해, 프리드버그는 국립해양대기국에 대가를 지불하고 하드디스크 드라이브에 데이터를 담아 자신에게 보내도록 했다. 그런 다음 데이터를 무료 클라우드에 옮겼다. "그것은 우리가 클라우드에 저장할 수 있었던 첫 번째 데이터 세트였습니다."라고 국립해양대기국의 최고데이터책임자인 에드 컨스Ed Kearns가 말했다. "프리드버그는 구글과 아마존, 마이크로소프트에 이러한 비즈니스 사례가 있다는 것을 보여주었습니다. 우리가 이것을 알기 전까지, 아무도 이 데이터를 재처리할 수 없었습니다."

물론, 클라우드 컴퓨팅cloud computing이 없었다면 레이더 데이터를 저장할 곳이 없었을 것이다. 그러나 일단 이 데이터가 클라우드에 있으면 누구나 접근할 수 있고, 어떤 목적으로도 사용할 수 있다(코넬대학의 조류학자들은 새의 이동을 연구하기 위해 이것을 사용할 수 있었다). 웨더빌WeatherBill이라는 프리드버그의 새로운 회사에 고용된 수학 팀은 이 데이터를 몇몇 매우 구체적인 상황에 대한 날씨 확률을 계산하는 데 사용했다. "위험이란 뭘까요?"라고 프리드버그가 질문했다. "위험은 결과에 대한 불확실성입니다. 데이터가 적을수록 결과에 대한 불확실성이 커집니다." 만약 당신이 배를 타고 바다를 건넌 첫 번째 사람이라면, 당신은 보험에 가입하기가 어려울 것이다. 그러나 만약 천 번째 배라면, 어떤 종류의 배들이 다른 배들보다 더 안전하고, 일 년 중 특정 시기가 더 위험하고, 어떤 종류의 선체는 더 내구성이 있다는 등의 데이터가 쌓여 있을 것이다. "데이터를 더 많이 수집할수록 일부 불행한 일이 발생할 확률을 더 정확히 판단할 수 있습니다."라고 프리드버그는 말했다. "하지만 아큐웨더나 웨더컴퍼니와 같은 민간 기업들이 있었기 때문에, 날씨 데이터에 접근하는 데 문제가 있었습니다. 결국 우리는 국립해양대기국과 함께 논의한 끝에, 오늘 날씨 데이터에는 접근할 수 없다는 데 합의했습니다. 우리는 기존에 축적한 데이터만 얻을 수 있었습니다."

웨더빌이 웹사이트를 개설하기까지는 18개월이 걸렸다. 웨더빌은 누구나 와서 날씨에 대한 보험을 들 수 있는 회사였다. 그리고 고객들은 갑작스럽게 나타났다. 예를 들어, US오픈 테니스 대회는 경기를 중계하는 방송사가 그랬듯이 우천 보험에 가입했다. "시간당 0.01인치 이상의 비가 내리는 것은 그들이 그 시간에 경기할 수 없다는 것을 의미합니다."라고 프리드버그가 말했다. 웨더빌에 관심을 보였던 다른 고객에는 애리조나의 스키장과 골프장, 바베이도스Barbados의 해변 리조트, 세차장, 그리고 후무스 브라더스Hummus Brothers라는 후무스 가게가 있었다. 프리드버그는 사람들이 비가 올 때 후무스를 덜 구매한다는 사실은 몰랐지만, 그는 사람들이 날씨에 따라 어떻게 행동하는지에 관한 온갖 특이한 사실을 알게 되었다. 예를 들어, 화창한 날에 샐러드 가게는 훨씬 더 장사가 잘되었지만, 커피숍은 그렇지 않았다.

그러나 프리드버그는 또한 그가 생각했던 것보다 날씨 보험을 파는 것이 더 어렵다는 것을 알게 되었다. "프리드버그는 모든 사람이 온라인에서 이것을 찾을 수 있을 거라는 바보 같은 생각을 하고 있었습니다."라고 그의 전 사업 파트너 중 한 명이 말하기도 했다. "그리고 고객들은 그렇지 않았습니다."

2008년이 되자, 프리드버그는 날씨 보험이 필요한 고객을 만나려면 직접 발로 뛰며 찾아야 한다는 사실을 깨달았다. 그때 그는 캘리포니아 감귤류 과일 포장업자들을 우연히 만났다. 2007년에, 캘리포니아에 심각한 냉해가 발생했다. 감귤 농가는 연방정부를 통해 일부 보험에 가입할 수 있었지만, 과일을 포장해 출하하는 업체는 그렇지 못했다. "만약 기온이 4시간 이상 28도 이하로 내려가면, 그들은 일이 없었습니다."라고 프리드버그는 말했다. 그 사실을 캘리포니아 감귤류 포장업자들은 뼈아픈 경험으로 배웠다. 프리드버그는 "그리고 우리는 재배자들과도 이야기를 나누기 시작했습니다. 사실 그들도 연방정부로부터 완벽하게 보호받지는 못했습니다. 그러고 나서, 우리는 생각했습니다. 이것은 감귤류에만 그치지 않고, 농업 전반에 걸쳐 큰 문제라고 말입니다."

그것이 데이비드 프리드버그의 전환점이었다. 그는 날씨에 가장 많이 노출되고, 날씨에 대한 새로운 보험에 가장 잘 적응하는 사람들이 바로 농부라는 사실을 깨달았다. 《농부 연감 Farmers' Almanac》은 그들에게 1792년 이후 작물의 성장 시기에 대한 일기예보를 제공했지만, 그러한 예보는 추측하는 것보다 더 나았던 적이 없었다. 미국 농무부는 심각한 농작물 손실에 대한 보험을 제공했지만, 여전히 농부들은 많은 위험에 노출되어 있었다. 농부들이 겪는 문제를 해결하기 위해서는 그가 먼저 풀어야 할 숙제가 있었다. 어떤 농부의 농작물에 대한 날씨 위험을 평가하기 위해서, 프리드버그는 날씨뿐만 아니라 특정한 밭이 날씨에 어떻게 반응하는지를 예측할 필요가 있었다. 어떤 종류의 흙을 가지고 있는가? 물은 얼마나 충분히 보유하고 있는가? 하지만 문제가 있었다. 어디서 이런 데이터를 찾을 수 있을까?

돌이켜 보면, 미국 정부는 그 데이터를 가지고 있었다. 국립해양대기국은 미국의 모든 땅에 대한 40년 분량의 적외선 위성 사진을 가지고 있었으며, 이것을 지하의 테이프 드라이브에 다시 기록했다. 식물은 가시광선을 흡수하고 적외선을 방출한다. 그는 적외선을 얼마나 방출했는지에 대한 데이터를 분석하여, 들판의 바이오매스를 계산할 수 있었다. 프리드버그는 구글과 계약을 체결했는데, 구글은 이 정보를 디지털화해 무료로 이용할 수 있게 했다. "그때 우리는 농부들이 그들이 씨앗을 심은 날짜에 대해 거짓말을 하고 있다는 사실을 발견했습니다."라고 프리드버그가 말했다. 동결 위험을 최소화하기 위해 연방 농작물 보험 프로그램은 농부가 씨앗을 심어도 되는 가장 이른 날짜를 규정했다. 그러나 씨앗을 일찍 땅에 심을수록, 더 풍성한 수확을 얻는다. 그래서 보험에 가입할 자격을 얻기 위해 농부들은 그들이 실제로 심은 것보다 씨앗을 더 늦게 심었다고 거짓말했다. 그 거짓말은 위성에 의해 수십 년 동안 포착되었지만, 아무도 그 데이터의 가치를 알지 못했기 때문에 그 사실도 알지 못했다.

농무부 내부에서, 프리드버그의 수학 팀은 미국의 2천 6백만 개 밭의 크기와 모양에 대한 데이터를 발견했다. 또한, 내무부 내에서 그들은 들판의 토양 조성에 관한 데이터를 찾았다. "공무원들은 '아무도 우리에게 이런 요구를 한 적이 없습니다.'라고 말하더군요."라고 프리드버그가 말했다. 그 하나의 데이터베이스는 너무 컸기 때문에, 인터넷을 통해 전송할 수 없었다. 그는 정부 기관에 비용을 지불하고, 데이터베이스를 하드 드라이브로 전송받았다. 그러고 나서 그는 그것을 아마존의 엔지니어들에게 보냈고, 엔지니어들은 그것을 클라우드로 이동시켰다. 2007년부터 2013년까지 6년 동안 프리드버그의 회사는 전년보다 **40배나** 많은 데이터를 사용했다. "이 모든 데이터는, 그것을 수집한 정부 인프라가 없었다면 존재하지 않았을 겁니다."라고 프리드버그가 말했다. "이것을 자체적으로 수집할 수 있는 사설 기관은 없습니다. 그리고 이러한 데이터가 없었다면 우리는 예측을 할 수 없었을 것이고, 사업을 할 수도 없었을 겁니다. 우리는 데이터 분석 작업이 끝날 무렵, 날씨가 농사에 미치는 영향을 계량화할 수 있었습니다."

2011년, 프리드버그는 농부들에게 날씨 보험을 독점 판매하기로 했고, 웨더빌이라는 회사명을 '클라이미트 코퍼레이션 Climate Corporation'으로 바꾸었다. 이에 대해 "우리 회사는 실리콘밸리의 느낌을 덜어 내고, 변덕스러울 거라는 느낌 역시 덜어 낼 필요가 있었습니다."라고 프리드버그는 설명했다. 다음 몇 년 동안, 그는 자신을 불신하는 사람들에게 그가 누구인지 설명하면서 이 시기의 절반을 길 위에서 보냈다. "농부들은 아무것도 믿지 않았습니다."라고 그는 말했다. "농부들을 위한다고 주장하는 엉터리 상품은 항상 있었습니다. 그리고 그것을 파는 사람들은 대개 마을 밖에서 온 사람들이었습니다."

그는 헛간이나 목공장에 앉아서 아이패드를 꺼내 그가 있었던 옥수수 지대의 지도를 열곤 했다. 그는 농부가 밭을 직접 클릭해 보도록 했다. 농부는 각종 불쾌한 날씨 사건들, 즉 한파, 가뭄, 우박 등의 발생 확률과 이에 대한 농작물의 민감성이 어느 정도인지 확인할 수 있었다. 그는 만약 날씨 보험에 가입했다면 지난 30년 동안 농부가 얼마나 많은 돈을 벌었을지를 농부에게 보여주었다. 그러고 나서 실리콘밸리 출신인 데이비드 프리드버그는 농부에게 그 농부의 밭에 대해 알려줬다. 그는 농부의 밭이 어느 순간에 얼마나 많은 수분을 함유하고 있는지를 정확하게 보여주었다. 일정 수준 이상일 경우 밭은 훼손되었다. 그리고 그는 하루 동안의 강우량과 기온을 보여주었다. 당신은 농부가 모든 것을 안다고 생각하겠지만, 농부는 여러 주에 퍼져 있는 20-30개의 다른 밭을 관리하느라 바쁠 수도 있다. 그는 농부에게 자신의 작물이 자라는 정확한 단계, 수정하기에 가장 좋은 순간, 씨앗을 심을 수 있는 최적의 8일간의 기회, 이상적인 수확일을 보여주었다.

비료는 농부에게 큰 문제였다. "농부들이 가장 많이 쓰는 비용은 비룟값입니다."라고 프리드버그는 말했다. "그들은 1에이커당 옥수수 종자에 100달러, 비료에는 200달러를 씁니다. 그리고 그들의 순이익은 1에이커당 100달러입니다. 만약 비료를 뿌리고 바로 비가 온다면, 비료가 씻겨 내려갈 것입니다. 그렇다면 언제 씨앗을 심을지, 언제 비료를 줄지 결정할 방법은 무엇일까요? 자랑처럼 들리겠지만, 농부들이 제게 다가와서 '당신이 작년에 저의 40만 달러를 절약해 주셨군요.'라고 감사 인사를 전하더군요."

농사는 항상 농부의 본능을 자극하는 판단력을 수반했다. 이제 프리드버그의 회사가 농사를 의사결정학Decision Science으로, 그리고 확률의 문제로 바꾸어 놓았다. 농부는 이제 룰렛이 아니라 블랙잭을 하고 있었다. 그리고 데이비드 프리드버그는 농부가 카드를 세는 것을 도왔다. 프리드버그는 "이 사실은 그들 중 많은 사람에게 엄청난 충격을 주었습니다."라고 회상했다. "그들은 지식이 창조될 수 있다고 믿지 않았습니다. 그들이 살면서 본 모든 새로운 기술은 물리적이었습니다. 새로운 기계, 새로운 씨앗, 새로운 종류의 비료였죠. 이 모든 것은 농부가 사용하는 도구였습니다. 누구도 농부를 대신하지 못했습니다." 아무도 프리드버그에게 이런 질문을 한 적이 없다. '내가 가진 지식이 더는 쓸모가 없다면, 누가 나를 필요로 할까?' 하지만 그것은 좋은 질문이었다. 그는 "아직 저희가 데이터로 확보하지 못한 정보를 농부에게서 얻고 있습니다."라고 말했다. "예를 들어, 현장에는 아직도 해충이 있지 않습니까? 하지만 시간이 지나면 해충 피해는 0이 될 것입니다. 모든 것이 관찰될 것이고, 결국 모든 것이 예측될 것이니까요."

그들이 농부들에게 보험을 팔기 시작한 지 약 1년 후, 그의 회사 사람들은 뭔가 재미있는 일이 벌어지고 있다는 것을 알아챘다. 날씨 보험에 가입한 농부들은 보험이 그들에게 접근권을 주는 소프트웨어를 가지고 놀면서 많은 시간을 보내고 있었다. "우리는 농부들이 단지 그들의 밭에 대한 데이터를 보기 위해 로그인하는 것을 발견했습니다."라고 프리드버그가 말했다. 보험을 팔기 위해서 그는 농부들보다 미국의 농지를 더 잘 이해할 필요가 있었다. 이제 프리드버그의 회사는 그것을 알았다. "우리는 보험업에 종사하고 있다고 생각했지만, 실제로는 지식 산업에 종사하고 있었습니다."라고 프리드버그는 말했다. "우리 회사의 목표는 보험 판매에서 농부들에게 정보를 추천하는 것으로 바뀌었습니다." 회사가 출범한 첫해인 2011년, 클라이미트 코퍼레이션은 단지 기후 보험을 농부들에게 판매한 것만으로도 6천만 달러의 매출을 올렸다. 3년 후 그들은 옥수수 지대의 대부분을 차지하는 1억 5천만 에이커의 미국 농지를 보험에 가입시켰고, 농부들에게 더 효율적으로 경작하는 방법을 가르쳤다. 벤처 투자가들이 데이비드 프리드버그의 새 회사를 6백만 달러로 평가한 지 6년 만에, 몬산토Monsanto는 11억 달러에 이 회사를 인수했다.

하지만 데이비드 프리드버그는 그 모든 경험을 통해 점점 더 불안감을 느끼게 되었다. 그는 "제가 샌프란시스코 출신으로 실리콘밸리에서 자랐을 때, 모든 기준은 진보에 관한 것이었죠." 라고 말했다. "사회의 발전, 경제의 발전, 기술의 발전. 그리고 당신은 그것에 익숙해지죠. 그리고 그것이 세상이 돌아가는 방식에서 일반적인 현상이라고 생각하게 됩니다. 왜냐하면 모든 것이 점점 더 나아지는 것을 보고 자랐기 때문입니다. 그러고 나서 비행기를 타고, 대도시가 아닌 어느 시골에 착륙하게 된 당신은 어딜 가나 똑같은 느낌을 받게 됩니다. 완전히 정체감에 빠지게 되죠. 그것은 '우리는 지난 70년 동안 여섯 개의 밭을 경작해 왔다.' '19살이나 20살에 결혼했다.'라는 말로 설명할 수 있습니다. 그것은 전진의 반대였습니다. 그들에게 있어 인생은 유지하는 것입니다. 다시 말해서, 인생은 모든 것을 똑같이 유지하는 것입니다."

그가 방문했던 곳의 사람들은 그 날 벌어 그 날 먹고 살았다. 그들은 그가 살아오지 않은 방식으로 위험에 노출되어 있었다. 날씨는 단지 그러한 위험 중 하나에 불과했다. 그는 다른 데이터에 관심을 가지기 시작했다. 예를 들어, 미국인의 40%가 천 달러라는 예상치 못한 비용을 감당하지 못했다. 농부들은 보통 그렇게까지 가난하지는 않았지만, 그들의 상황은 본질적으로 불안정하고, 현대적인 것과 거리가 멀었다. 농부들은 데스크톱 컴퓨터 앞에서 일하지 않았고, 그래서 그들은 초기 인터넷 혁명을 대부분 겪지 못했다. 하지만 그들은 휴대전화를 가지고 있었고, 2008년 미국 시골 지역에서 3G 네트워크를 이용할 수 있게 되자, 마침내 농부들은 온라인에 접속했다. "인터넷의 문제는 그것이 지구상의 모든 사람에게 그들이 놓친 것이 무엇인지 보여준다는 겁니다."라고 프리드버그가 말했다. "그리고 만약 그것에 도달할 수 없다면, '나는 망했다.'라고 느끼게 되죠. 인터넷을 통해 이 세상에서 당신이 놓치고 있는 아주 본능적이고 분명한 변화가 일어나고 있다는 사실에 절망하게 되는 것이죠."

데이비드 프리드버그는 농부들이 당면한 경제적 미래를 보장하도록 돕고 있었고, 동시에 그는 그들의 정체성을 위협하고 있었다. **'당신의 가족은 한 세기 동안 같은 땅을 경작해 왔지만, 제가 몇 년 만에 만든 이 데이터 대량 고속처리 기계는 당신보다 더 나은 일을 할 수 있습니다.'** 이 문구는 그가 농부와 나눈 모든 대화의 밑바탕이 되는 속삭임이었다.

프리드버그는 기술 업계에 종사하는 몇몇 친구들과 함께 위험성이 높은 포커 게임을 하기도 했다. 2016년 대선 전 마지막 경기에서 그는 도널드 트럼프가 승리할 것이며, 상대편이 걸 후보가 누구든 간에 트럼프에 돈을 걸겠다고 제안하기도 했다.

트럼프 대통령 취임 후, 디제이 파틸은 연방정부 전반에서 데이터가 사라지는 것을 의아한 눈으로 지켜봤다. 환경보건국과 내무부 모두 그들의 웹사이트에서 기후 변화 데이터에 대한 링크를 제거했다. 농무부는 정부에 의해 동물 학대로 고발된 기업들의 조사 보고서를 삭제했다. 믹 멀베이니Mick Mulvaney 신임 소비자금융보호국Consumer Financial Protection Bureau 국장 직무대행은 금융기관에 대한 소비자 불만 기록에 대한 일반인들의 접근을 중단시키고 싶다고 말했다. 허리케인 마리아Hurricane Maria가 발생한 지 2주 후, 푸에르토리코Puerto Rico의 식수 및 전기 접속에 대한 자세한 통계는 연방재난관리청 웹사이트에서 삭제되었다. 클레어 말론Clare Malone과 제프 애셔Jeff Asher는 통계 전문 사이트인 '파이브서티에이트FiveThirtyEight'에 기고한 글에서 트럼프 대통령 시절 FBI가 발표한 첫 연례 범죄보고서가 전년보다 데이터 표의 4분의 3 가까이 누락됐다고 지적했다. 이들은 "2016년 보고서에 누락된 데이터 가운데는 체포 정보, (피해자와 가해자 관계 등) 살인에 대한 정황, 그리고 연간 폭력조직 살인에 관한 유일한 국가적 추정치가 있었다."라고 썼다. 또한, 트럼프가 강력범죄에 집중하고 있다고 말하지만, 이를 이해하기 위한 가장 강력한 도구를 없애고 있다고 주장했다.

그리고 이 나라의 수석데이터과학자인 파틸에게 트럼프 행정부는 조금도 관심을 보이지 않았다. 파틸은 "저는 기본적으로 이 사람들이 우리의 말을 듣지 않을 거라는 사실을 알고 있었습니다."라며, "그래서 저는 이 인수인계 메모exit memo를 만들었습니다. 이 메모는 그 자체로 천 배가 넘는 값어치를 한다는 걸 보여주었죠."라고 말했다. 그는 이 메모를 통해 정부가 수집한 데이터에서 얼마나 많은 정보를 발견할 수 있는지에 대해 차기 행정부가 깨닫기를 바랐다. 정부에게 답변을 요구하는 질문들이 있다. 예를 들어, '교통사고가 증가한 원인은 무엇일까?'라는 질문이 있다. 교통부는 검색되기를 기다리고 있는 거대한 데이터 풀을 가지고 있었다. 매일 100명의 미국인이 자동차 사고로 사망했다. 30년간의 교통사고 사망률 감소 추세는 최근 극적으로 역전되었다. 파틸은 "우리는 무슨 일이 벌어지고 있는지 정확히 모릅니다. 무엇이 원인일까요? 산만한 운전? 더 무게가 많이 나가는 차량? 더 빠른 속도의 운전? 장거리 운전? 자전거 전용 도로?"

정부 데이터에서 발견될 지식은 미국인의 삶의 대부분을 변화시킬지도 모른다. 예를 들어, 예방 접종 데이터를 연구하고 질병에 대한 히트맵Heat map을 작성한다고 생각해 보자. 파틸은 "미국 어딘가에 홍역을 앓는 사람을 무작위로 보내 전염병을 퍼뜨린다면, 전염병에 가장 취약한 지역은 어디일까요?"라고 말했다. "그리고 전염병은 잠재적으로 어디서 발생할 수 있을까요? 이러한 질문은 데이터에 접근할 수 있을 때에만 대답할 수 있을 겁니다. 모든 사람이 데이터를 어떻게 무기화할 수 있을지에 집중합니다. 사실, 데이터가 없으면 우린 아무것도 아닙니다."

파틸은 그의 메모를 아무도 읽지 않았다고 짐작했다. 그는 그들이 메모를 조금이라도 읽었다는 이야기를 들은 적이 단 한 번도 없었다. 그리고 그는 공공 데이터에 대한 트럼프 행정부의 태도에 제멋대로이거나 변덕스러운 점이 없다는 것을 알게 되었다. 각 데이터 억제 행위에는 대개 편협한 상업적 동기가 깔려 있었다. 그러한 행위 뒤에는 총기 로비스트, 석탄회사, 가금류회사가 있었다. "국립해양대기국 웹페이지에는 일기예보에 접속할 수 있는 링크가 있었습니다."라고 그가 말했다. "그것은 사람들에게 매우 인기가 있었습니다. 그런데, 저는 그것이 없어진 것을 보았습니다. 그리고 저는 생각했습니다. 그들이 왜 그걸 없애려고 할까요?" 그 후 그는 깨달았다. 트럼프가 국립해양대기국을 운영하기 위해 지명한 사람은 일기예보와 관련된 정보를 얻고 싶다면 돈을 내야 한다고 생각했다. 현재 미국의 일상에 생겨난 균열은 미국 정부에 의해 발생했다. 그것은 민주당과 공화당 사이에서만 생기던 균열이 아니었다. 균열은 임무를 위해 일하려는 사람들과 돈을 위해 일하려는 사람들 사이에서도 발생했다.

디제이 파틸이 캐스린 설리번을 처음 만났을 때, 그는 그녀에게 데이터를 더 잘 사용할 수 있는 방법에 관해 이야기했다. 그리고 그는 그녀로부터 새로운 임무에 어떻게 접근하는 것이 좋을지에 대해 배웠다. "그녀는 제게 매우 통찰력 있는 조언을 했습니다. 그녀는 정부를 위해 일하려면, 자신을 '구속된 걸리버'라고 상상해야 한다고 말했습니다. 그리고 만약 제가 엄지발가락을 꼼지락거리고 싶으면, 먼저 정부에 허락을 구해야 한다고 말하더군요. 그런데도 제가 그것을 계속 따를 수 있고, 여전히 일을 완수할 수 있다고 상상할 수 있다면, 그 일을 잘 해낼 수 있을 거라고 말해주었습니다."

기상 모델을 위한 가장 중요한 데이터 소스는 인공위성을 통해 얻는다. 지구 정지 위성은 적도 상공에서 맴돌면서 그 아래에서 무슨 일이 일어나는지 사진을 찍는다. 그리고 극궤도 위성은 북극에서 남극까지 지구 주위를 돌며 행성 전체로부터 데이터를 수집한다. 이러한 위성은 대기 중의 온도와 습기를 측정하고, 식생피도vegetation coverage를 측정하고, 오존 수치를 감시하며, 뜨거운 지점 등을 감지하여 지상의 사람들이 불이 난 것을 발견하기 전에 화재를 보고할 수 있다. 그리고 미국뿐만 아니라 유럽이나 아시아에도 일기예보 모델을 제공한다. 극궤도 위성이 제공하는 정보가 없다면, 지구상의 모든 일기예보는 크게 나빠질 것이다. 만약 그렇다면, 당신은 공항에 도착해서야 겨우 비행기가 결항된 것을 알게 되거나, 갑작스러운 산불에 놀라거나, 폭풍에 의해 예고 없이 타격을 입을 가능성이 더 커진다. 지난 22년 동안 지구의 새롭고 더 나은 위성 이미지를 만들어 온 국립해양대기국의 연구원 팀 슈미트Tim Schmit는 "우리는 1900년 갤버스턴에서 위성이 없던 상태를 가정한 실험을 했습니다. 그 결과, 만 명의 사람들이 사망했습니다."라고 말하기도 했다.

우주 비행사로서의 경력 이후 캐스린 설리번의 삶은 야심 찬 과학 프로젝트 그 자체였다. 우선 3년 동안 국립해양대기국에서 수석 과학자로 일했다. 그리고 나서 오하이오주 콜럼버스에 있는 32만 평방피트 규모의 박물관이자 연구 센터인 과학 및 산업 센터Center of Science and Industry의 운영 책임을 맡았다. 10년 동안 책임자로서 일한 후, 2006년에는 오하이오주립대학에 과학 및 수학 교육센터의 초대 센터장으로 부임했다. 그녀가 2011년 국립해양대기국으로 돌아왔을 때, 1990년대에 발사된 극궤도 위성은 수명이 다 되어가고 있었다. 위성의 교체는 늦어졌고, 정치적 논란에 휩싸였으며, 이미 초과한 예산을 삭감한 상태였다. "그녀는 문을 열고 들어온 뒤, 다른 많은 사람이 내린 결정이 우리 모두를 망하게 할 것이라는 사실을 알게 되었습니다."라고 파틸이 말했다. "이것은 국가 안보에 대한 문제입니다. 폭풍우를 볼 수 없게 되기 때문입니다." 파틸의 사고방식으로 볼 때, 포착하지 못한 폭풍은 발견되지 않은 테러리스트와 같은 범주에 속했다.

과거 클린턴 행정부는 국방부와 NASA, 국립해양대기국, 이 3개 기관에 극궤도 위성 관리를 요청했다. 협업은 제대로 이루어지지 않았다. "정치적 역학은 리더십의 부족과 뒤섞여 전형적인 워싱턴 사회의 병폐로 자리매김했습니다."라고 전 국립해양대기국 관계자가 말했다. "3개 기관의 협업은 어렵습니다. 왜냐하면 만약 당신이 바쁘거나 무언가가 당신을 짜증 나게 할 때, 당신은 단순히 다른 사람이 그것을 처리할 것이라고 치부하거나 상상할 수 있기 때문입니다. 또한 일이 잘못됐을 때, 아무도 책임지려고 하지 않습니다. 헤드라인을 통제하거나 복잡한 것을 설명하기도 어렵습니다. 그 와중에 의회는 기관에 매우 엇갈린 신호를 보내고, 예산을 바꾸고, 새로운 것을 향해 나아가며, 다양한 목소리를 냅니다. 행정부와 의회는 기관들이 작업하고 있는 모든 것에 대해 동의하지 않거나, 심지어 제대로 알지도 못합니다. 결국 모두가 다른 사람을 비난하고, 비난 게임에서 이긴 사람이 대개 우위를 차지합니다. 그리고 그 과정에서 국방부가 항상 1위를 차지하곤 했는데, 국방부에게 가장 많은 자원, 훌륭한 보호 반사 신경, 든든한 친구들이 있었기 때문이었죠."

이후 오바마 행정부는 NASA와 국방부의 협업을 해체하고 모든 혼란을 국립해양대기국에 넘겼다. 그러나 설리번이 돌아왔을 때, 국립해양대기국은 그녀가 떠날 때 향하던 방향에서 더 멀리 떠내려가고 있었다. 내부의 일기예보는 점점 더 좋아졌지만, 외부의 정치 풍토는 점점 더 나빠졌다. 국립해양대기국이나 연방정부의 다른 기관에서 일하는 것은 NASA에서 일하는 것과 별반 다를 게 없다. 그러나 만약 당신이 우주 비행사라면, 모든 사람이 당신에게 호감을 느낄 것이다. 당신이 NASA에서 일했다고 사람들에게 말하면, 그들은 대개 관심을 보이고, 심지어 약간의 정보까지 주려고 한다. 그에 대한 이유는 NASA가 쓴 드라마에 있었다. NASA는 처음부터 선전하도록 장려된 기관이었다. "NASA는 세계에 자신의 이야기를 들려주는 것이 허용된 기관이었습니다."라고 캐스린이 말했다. "미국의 자신감을 회복하기 위해 설립된 기관이기 때문에, 의도적으로 외부에 자신을 자랑할 필요가 있었습니다. 그래서 NASA에는 영웅이 있었습니다." 반면, 국립해양대기국에는 영웅이나 드라마가 없었다. 오히려 진정으로 드라마처럼 영웅적인 일을 한 사람들이 있었지만, 미국 대중들은 그것에 대해 전혀 듣지 못했다. 이 기관에는 미국인 수천 명의 생명을 구한 팀 슈미트 같은 직원들이 있었다. "국립해양대기국은 숨겨져 있다는 구조적 문제를 가지고 있습니다."라고 캐스린이 말했다. "국립해양대기국은 선전할 수 없습니다. **절대로** 국립해양대기국은 선전할 수 없습니다. 지난 수십 년 동안 그들은 선전하지 못하는 것뿐만 아니라, 일상적으로 비방을 당했습니다."

국민과 정부 사이의 관계가 그녀를 괴롭혔다. 정부는 국민을 위해 사명을 다했다. 하지만 왜 우리 사회는 그 사실을 훼손할까? "저는 우리 정부의 구조와 기능에 관해서 고학력자들조차 얼마나 무지한지에 대해 놀라움을 금치 못합니다. 국민이라는 정체성은 소비자라는 정체성으로 바뀌었습니다. 정부는 '공동선collective good'이 아니라 웨이터나 안내원처럼 국민의 시중을 들어야 한다는 생각입니다."라고 그녀는 말했다.

국립해양대기국으로 돌아온 그녀의 첫 번째 큰 임무는 극궤도 위성을 고치는 것이었다. 설리번이 그 문제를 해결하는 것을 지켜본 전 국립해양대기국 관계자는 "그녀는 수많은 정치인과 변호사에게 휘둘리지 않았습니다."라고 말했다. "그녀는 '내 사람들을 그만 괴롭히고, 그들의 일을 하도록 내버려 두십시오!'라고 말하는 데 능했습니다." 그녀는 2017년 11월에 발사된 새로운 극궤도 위성을 예정대로 구매했다. 그리고 그 과정에서 진통을 겪었다. 그녀는 자신의 전임자들을 괴롭혔던 문제들이 그녀의 후임자에게까지 말썽을 일으키지 않도록 여분의 위성을 마련했다. 그녀는 "한 사람이 이 행성에서 할 수 있는 많은 어리석은 일 중 하나는 지금 더 많은 위성이 필요하다는 것을 알면서도 하나의 위성만 만들고 구매하는 겁니다."라고 말했다. 물론 국립해양대기국이 다음 두 개, 세 개 또는 네 개의 위성을 구매하기 위해 예산을 책정하고 계획을 세울 수 없는 특별한 이유는 없었다. 심지어 일부분 규모의 경제도 발생했다. 그러나 정부의 누구도 나중에 돈을 낼 수 있다면 지금 예산을 쓰는 것을 선호하지 않는다. 그럼에도 불구하고, 그녀는 어떻게든 의회와 국립해양대기국의 관련 당사자들을 설득하여 복수의 인공위성을 구입하는 데 성공했다.

그녀의 성공 스토리는 하버드 비즈니스 스쿨의 사례 연구로도, 트럼프 행정부의 브리핑 메모로도 활용 가치가 컸다. 물론, 그 메모가 작성되었다 하더라도 아무도 읽지는 않았겠지만. 처음 작성된 트럼트 예산안은 그녀가 미래의 인공위성을 위해 확보했던 국립해양대기국 예산을 삭감했다. 트럼프의 사람들은 절대 그녀에게 전화하지 않았겠지만, 만약 그들이 그렇게 했다면, 그녀는 그들에게 한 가지 간단한 충고를 했을 것이다. "당신의 윗사람, 즉 대통령이 원하는 것이 무엇인지 알아내야 합니다. 자연적으로 일어나는 수백 가지 일이 있지만, 그렇지 않은 일도 있습니다. 의도하지 않았다면 그런 일은 일어나지 않을 것이기 때문에, 대통령이 의도적으로 하고자 하는 것이 무엇인지 아는 것이 중요합니다." 절대 일어날 수 없는 일 중 하나는 예산 범위 내에서, 제시간에 인공위성을 만드는 것이다. 또 다른 하나는 미국인들의 머릿속에서 무슨 일이 일어나고 있는지 알아내려고 열심히 노력하지 않는다면, 그들은 죽을 것이라는 사실이다.

그것이 그녀의 다음 큰 프로젝트였다. 그녀는 그 프로젝트를 'WRN(Weather-Ready Nation, 날씨 대비 국가)'이라고 불렀다. 조플린 토네이도가 촉매제였다. 지역사회가 날씨에 더 민감하게 반응하고, 어획량을 기후에 더 탄력적으로 대응할 수 있게 하려는 야망도 있었지만, 이 프로젝트의 핵심은 바로 미국인들이 직면한 위협에 더 잘 대비하는 것이었다. 캐스린은 기상청장으로 루이스 우첼리니를 임명하는 데 힘을 썼다. 그는 프로젝트에 대한 그녀의 열정을 이해하는 사람이었다. 기상청 내부의 기상학자들은 사람들이 기상청에서 발령한 경보에 예상대로 반응하지 않는 것에 걱정했다. 그들은 기상 괴짜들이자 과학자들이었다. 이 문제에 대해 캐스린은 "사용자가 전문 용어로 가득 찬 게시판을 이해할 수 없다는 사실을 어디서, 언제, 어떻게 깨달았는지 정확히 추적할 수 없습니다."라고 말했다. "그리고 사람들은 가공되지 않은 데이터에는 반응하지 않습니다. 다른 사람들, 또는 신뢰할 수 있는 목소리에 반응합니다. 이 폭풍우가 국민에게 어떤 영향을 미칠지에 대한 핵심은 종종 가늠하기 어려운 날씨의 세부 정보에 묻히기도 했습니다. 그리고 일반 국민은 확률을 이해하지 못하고, 풍속이나 강우량을 지붕이 벗겨지거나 무릎까지 물이 차오르는 재난 상황으로 이해할 수밖에 없습니다. 보통 사람들은 500밀리바에서 풍속이 얼마인지는 특별히 신경 쓰지 않습니다. 정말로 알고 싶은 것은 이것이겠죠. '그게 우리 집에 무슨 영향을 미칠까요?'"

그래서 그들은 일기예보를 받는 사람들을 이해하려고 노력했다. 그 문제를 다른 사람들에게 떠넘길 수는 없었다. 그들은 국립해양대기국 안에서 미국인이 위험에 대응하는 방법을 연구할 수 있는 사람들이 필요했다. 국립해양대기국은 과학자들로만 구성된 기관이었기 때문에, 심리학자들과 행동경제학자들이 해결해야 할 문제를 풀 수는 없었다. "다양한 단체는, 어떤 단체이든 간에, 자신의 위치를 지켜야 합니다."라며 그녀는 말했다. "그렇지만 거기서 벗어나려는 특성도 가졌죠. 기존의 질서는 '저 좀 내버려 두세요, 제가 하고 싶은 일만 하면 안 될까요?'라며 버틸 겁니다." 그렇지만 그녀는 예측 결과가 어디로 향할지 정확히 모른다는 것을 이해하고, 자신이 속한 기관 내에서 이에 대한 대화를 시작하고 싶었다.

이 시도는 그녀에게 챌린저호 폭발 직후에 일어났던 일을 상기시켰다. 미국 도시들은 사망한 우주 비행사들의 이름을 따서 거리와 학교의 이름을 지을 계획이었지만, 그녀와 사망한 우주 비행사들의 배우자들에게 그 계획은 부적절하게 보였다. 그 우주 비행사들과 친했던 모든 이들은 그들의 죽음을 통해 그들의 삶의 의미를 더 잘 이해하고 싶었다. "우주 비행사들은 과학과 기술 교육을 많은 사람에게 제공하는 기쁨을 함께 누렸습니다."라고 캐스린은 말했다. "유가족들은 제게 어떻게 그들이 추구했던 가치를 이어나갈 수 있느냐고 물었습니다."

1986년 말까지, 우주 비행사들의 유가족들은 아직 어떤 종류인지는 모르지만, 과학 교육 프로그램을 하나 만들기로 했다. 그들은 캐스린에게 어떤 방식이 좋을지 물었다. 그녀는 그들을 모두 불러 모으고, 무엇이 될지 정확히 모를 때 완전히 새로운 것을 창조하는 것이 얼마나 힘든 일인지 설명하기 시작했다. 다양한 단체들을 초대하고, 그들에게 그 프로젝트에 영향을 줄 수 있는 권한을 부여할 필요가 있었다. "저는 그분들에게 말했습니다. '이 프로젝트는 여러분이 다른 우주 비행사들에게 주는 유산입니다. 하지만 그러기 위해서, 여러분은 본인이 그것을 정말로 만들 수 있다고 생각하는 사람들의 네트워크를 만들어야 합니다. 이때, 대화가 정말 중요합니다. 대화는 교환을 의미합니다. 단순히 정보의 전송을 의미하는 것이 아닙니다. 그것이 새로운 생각을 얻는 방법입니다.'" 그녀는 그녀가 했던 말과 비슷한 말을 들은 적이 있다. **'우리 중 누군가가 스스로 완벽하게 해낼 수 있는 유일한 것은, 바로 좋은 아이디어를 시작하는 것이다.'**

그녀는 모든 종류의 다양한 그룹, 우주 프로젝트의 외부인, 우주 비행사 가족들에게는 알려지지 않았지만 새로운 임무와 관련이 있을지도 모르는 사람들을 찾아냈다―교사, 박물관 전문 인력, 교육과정 감독관, 교과서 출판업자, 전시 디자이너, 비디오 기술자 등. 그리고 건축가까지. 그녀는 이 모든 사람을 애리조나주 오라클Oracle의 바이오스피어 2에 모았다. 그 이유에 대해 그녀는 "모든 사람을 그들이 묶여 있는 틀에서 벗어나게 하기 위해서였습니다."라고 말했다. 건축가는 재빨리 이 이벤트를 그 건물을 위한 그의 계획을 발표하는 기회로 바꾸려고 했다. 캐스린과 다른 사람들은 그가 누구의 말도 귀담아듣지 않는다는 것을 알 수 있었다. 그녀는 다음 날 그를 내보냈다. 마침내 이 단체는 논의 끝에 중학생을 위한 강좌 프로그램을 만들었다. 현재 전 세계에는 52개의 챌린저 센터Challenger Center가 있으며, 이 프로그램을 통해 지금까지 4백5십만 명의 학생들이 교육을 받았다.

토네이도 조플린의 여파로, 기상청이라는 학교에 새로 전학 온 사람들은 심리학자들과 행동경제학자들이었다. 2014년 캐스린은 사회과학이 국립해양대기국의 사명 중 일부라는 생각을 법률로 규정하도록 의회를 설득했다. 이 기관은 이제 다른 종류의 데이터, 즉 미국인들의 마음속에 정확히 어떤 일이 일어나고 있는지 알아내어 생명을 구할 수 있도록 하는 데이터를 수집하기 위해 사람들을 고용할 수 있게 되었다.

토네이도와 관련해 한 가지 흥미로운 점은 그것이 무언가를 치기 전까지 아무도 그것이 얼마나 강력한지 모른다는 것이다. 기상청은 허리케인에 어떻게 대처해야 하는지, 즉 바람의 강도, 폭풍 해일의 규모, 다른 사람이 아닌 당신이 사는 도시를 강타할 가능성에 대해 며칠 전에 미리 알려줄 수 있다. 당신이 뉴올리언스 집 앞 현관에 서서 곧 불어 닥칠 허리케인을 피해 차를 몰고 멤피스Memphis까지 운전해 가야 할지 고민하는 중이라고 생각해 보자. 멤피스로 대피하지 않기로 결정했다면, 당신이 곧 무슨 일을 겪게 될지 충분히 예상할 수 있다. 하지만, 토네이도는 그런 식으로 발생하지 않는다. 미국의 대륙에서 발생하는 나

머지 기상 재해처럼, 토네이도도 서쪽에서 동쪽으로 이동하지만, 그것이 향하는 경로는 무작위이다. 토네이도의 힘은 그것으로 인해 발생한 피해에 의해서만 판단될 수 있다. 만약 허리케인이 불행한 결혼 생활 중 어느 날 밤과 비슷하다면, 토네이도는 소개팅과 비슷하다.

토네이도를 판단하는 척도는 F0(가장 약함)에서 F5(가장 강함)까지이다. 이것을 후지타 등급Fujita scale이라고 한다. 다른 대부분의 등급과 다른 점은, 처음부터 끝까지 계속 무시무시하다는 것이다. F1 토네이도는 지붕 표면을 벗겨 내고 자동차들을 도로에서 밀어낸다. F2로 커지면, 주택이 파괴되고 소들이 공중으로 날아간다.

킴 클로코우Kim Klockow는 토네이도를 처음 목격했을 때 일리노이주 네이퍼빌Naperville의 한 들판에서 뛰어놀던 7살 소녀였다. 그 당시에 그녀는 자신이 무엇을 보고 있는지 몰랐다. "저는 유방구름을 보았습니다."라고 그녀는 큰 폭풍을 동반하는 가슴 모양의 구름을 보았던 어린 시절을 회상했다. "전 폭풍의 모루구름을 보고 있었던 거죠." 1990년 8월 28일, 토네이도가 일리노이주 플레인필드Plainfield 일부를 쓸어버리기 전까지는 아무도 실제로 그것을 목격한 적이 없었다. 토네이도는 레이더를 피했고, 폭풍우에 싸여 있었기 때문에 육안으로는 보이지 않았다. 기상청은 사건이 발생한 지 한 시간이 지나서야 토네이도 경보를 발령했다. 그 후 시카고 교외에서 역사상 유일한 F5 토네이도가 기록되었다. F5에서는 자동차가 미사일처럼 날아가고, 크고 잘 지어진 집이 그냥 사라져 버린다. 킴의 부모는 이틀 후 그녀를 차에 태우고 플레인필드를 지나갔고, 그녀는 오즈의 마법사 속 세상에 있는 것처럼 그녀가 머물렀던 건물들이 돌무더기가 되거나 완전히 사라진 것을 보았다. "당신은 건물을 위험하다고 생각하지 않을 겁니다."라고 그녀가 말했다. "당신은 건물을 당신이 머물러도 되는 안전한 장소로 생각합니다."

그 토네이도는 29명의 사망자와 수백 명의 부상자를 냈으며, 그 지역에 큰 타격을 입혔다. 다음 해, 또 다른 폭풍이 다가오자, 사람들은 긴장했다. 바람이 거세지고 우박이 도로에서 튕겨져 나오기 시작했을 때, 킴은 엄마와 두 살배기 여동생과 함께 이웃 도시 졸리엣Joliet에서 프랑스어 강습을 듣는 중이었다. 그녀의 어머니는 그들을 데리고 대피했다. 그들이 집을 향해 질주할 때, 킴은 어머니가 뒤를 돌아보는 것을 볼 수 있었다. "우리는 실제로 폭풍에 쫓기고 있었습니다."라고 그녀는 회상했다. "우박소리가 마치 총알이 차에 부딪치는 것 같았습니다." 어떤 이유에서인지 그녀의 어머니는 차의 창문을 내려야 한다고 주장했고, 우박은 킴의 무릎에 떨어졌다. "어머니는 같은 말을 계속하셨지만, 저는 그게 뭔지 몰랐습니다. 그녀는 '마리아시여.'라고 중얼거리고 있었습니다." 그들은 진입로에 들어섰고, 그녀의 어머니는 그녀에게 소리쳤다. "집으로 들어가서 바로 아래층으로 내려가!" 그 말에 따라 그녀는 집으로 달려가 숨었다. 그리고 그녀의 집이 날아가지 않은 것은 단지 운이 좋았을 뿐이라는 느낌을 받았다. 킴은 "그 후 어떤 기상 정보라도, 저는 그것을 알고 싶어 했습니다."라고 말했다. 그리고 그녀는 "이것은 실제로 모든 기상학자들의 이야기입니다. 유년기에 겪은 트라우마로 인해, 우리는 기상학자의 꿈을 갖게 되었죠."라고 말했다.

어느 더운 5월 아침, 나는 킴과 인터뷰하기 위해 기상청 폭풍예측센터Storm Prediction Center에 있는 그녀의 사무실로 갔다. 이 센터는 오클라호마주 노먼에 위치한 국립 기상센터 빌딩National Weather Center Building 안에 있었다. 센터는 오클라호마대학과 국립해양대기국이 합작한 것으로, 기관이 할 수 있는 한 완벽한 위치에 자리잡았다. 미국 중남부는 이 행성의 대류 최적 지점이다. 멕시코만의 따뜻한 공기는 로키산맥 위로 떨어지는 차가운 공기와 충돌하여 핵폭탄보다 더 많은 에너지를 가진 폭풍을 만들어 낸다. 텍사스주는 오클라호마주보다 두 배나 많은 토네이도가 발생하지만, 오클라호마주에는 약 4분의 1밖에 되지 않는 공간에서 토네이도가 발생한다. 또한, 캔자스주는 매년 오클라호마주보다 토네이도가 약 3분의 1 더 많이 발생하지만, 캔자스주는 오클라호마주보다 3분의 1이 더 크고, 3분의 1 정도 인구가 적다. 만약 당신이 사람과 날씨 사이의 극적인 충돌을 목격하려는 필요나 욕구가 있다면, 오클라호마주는 당신에게 최적의 장소일 것이다. "심각한 토네이도 사건 동안 이곳에 있는 것이 축구 경기를 관람하는 것보다 더 좋습니다."

라고 폭풍예측센터만큼 적절한 위치에 있는 오클라호마대학의 국립 위험 및 회복 연구소를 운영하는 행크 젠킨스-스미스Hank Jenkins-Smith가 말했다. 국립 기상센터 빌딩의 꼭대기에는 서쪽을 향한 스카이 박스가 있고, 다가오는 토네이도를 볼 수 있도록 특수 방폭 유리가 장착되어 있다.

킴은 2006년 오클라호마대학에 대학원생으로 왔을 당시, 무엇을 공부할 것인지 정하지 못했다. 그녀는 기상학과 경제학 두 분야 모두에서 학사학위를 받았고, 그 시점까지 폭풍의 경제적 영향에 초점을 맞춰 연구했다. 예를 들어, 토네이도가 강타한 지역사회의 재정에 무슨 일이 일어날까? 그 연구는 그녀에게 흥미로웠지만, 동시에 그녀는 무언가 부족하다고 느꼈다. 그녀는 "저는 고전 경제학이 기상학자들이 묻고 있는 질문에 실제로 영향을 미치지 않는다고 느꼈습니다."라고 말했다.

그녀가 느낀 좌절은 그녀를 행동경제학으로 이끌었는데, 이 분야는 모든 심리학을 헛소리라고 생각하는 경향이 있는 사람들에게 심리학을 존중할 수 있는 근거를 제시했다. 그녀는 다음과 같은 문제를 조사하기 시작했다. '사람들은 위험에 어떻게 반응할까? 그들의 이익을 위해, 그 반응에 어떻게 영향을 미칠 수 있을까?' 만약 당신이 누군가에게 일주일 후에 토네이도가 그쪽으로 향할지도 모른다고 말한다면, 그는 당신을 우습다는 듯이 한 번 쳐다보고는 자기 볼일을 볼 것이다. 그러나 만약 당신이 같은 사람에게 토네이도가 그의 집에 들이닥쳤다고 말한다면, 그는 숨을 곳을 찾아 대피할 것이다. 그녀는 안이한 대처가 언제, 왜 경각심으로 바뀌는지, 그리고 언제, 왜 경각심을 행동으로 옮기는지 알고 싶었다.

2010년 12월, 한 조언자가 그녀가 정말로 해야 할 일은 현장작업이라고 제안했을 때, 그녀는 논문을 마무리하고 있었다. 조언자는 그녀에게 현장으로 가서 자신들의 생명이 위험에 처할수 있다고 뉴스 인터뷰에서 응답한 실제 미국인을 인터뷰하라고 말했다. "인터뷰에 응한 사람들은 '만약 2011년에 무슨 일이 생긴다면, 우리는 당신이 사례 연구를 하길 바랍니다.'라고 말했습니다."라고 킴이 말했다. "그리고, 조플린에 토네이도가 발생했습니다."

피치 못할 사정으로, 그녀는 조플린이 아니라 앨라배마주와 미시시피주에 있는 사람들을 조사하기 시작했다. 미주리주의 재난이 일어나기 몇 주 전, 기상청의 적절한 토네이도 경보에도 불구하고 미주리주는 큰 피해를 입었다. '2011년 슈퍼 아웃브레이크Super Outbreak'로 알려진 360개의 토네이도가 동시다발적으로 발생했고, 그로 인해 324명이 사망하고 수천 명이 부상당했다.

그 결과, 기상청 안팎에서 모두의 주목을 받는 두 가지 해결책이 제시되었다. 그 첫 번째는 20분 전 발령된 토네이도 경보가 사람들에게 탈출할 충분한 시간을 주지 못했다는 것이었다. 토네이도가 잦은 주에서 온 힘 있는 의원들은 기상청이 1시간

전에 미리 토네이도 경보를 발령할 수 있을 정도로 토네이도를 예측하는 능력을 향상시킬 필요가 있다고 주장했다. 그리고 기상청은 고개를 끄덕이며 이 도전을 받아들였다. "기상청의 모든 직원은 다른 사람들을 돕는 임무에 매우 적극적으로 나섰습니다."라고 킴이 말했다. "이것은 2011년 당시 제게 매우 충격적이었습니다. **오, 이제까지 저는 경력 전부를 허송세월로 보낸 것이나 다름없었습니다.**"

한편, 킴은 그들의 새로운 야망에 대해 학문적 호기심이 생겼다. "이미 사망한 사람들이 내린 결정에 관해 왈가왈부하는 것은 어렵습니다."라고 그녀는 말했다. "만약 시간이 더 있었다면, 그들이 어떻게 했을지에 대해 물어보고 싶었습니다." 그녀는 앨라배마주와 미시시피주의 생존자들과 인터뷰를 하고는 놀라운 통찰력을 얻어 돌아왔다. 시간이 중요한 것이 아니었다. 사람들은 정부의 토네이도 경보를 몰랐거나, 무시하지 않았다. "그들은 모두 토네이도 경보가 내려진 사실을 알고 있었습니다."라고 그녀가 말했다. "사람들은 토네이도 경보를 무시한 것이 아닙니다. 그들은 토네이도가 자신을 덮치지 않으리라고 생각했습니다." 이어 킴은 공동 저술한 논문에서 사람들이 '집'과 '안전'을 연관 짓는다고 지적했다. 집안에서는 끔찍한 일이 일어나지 않는다는 생각이 일상을 살아가는 동안 매일 강화된다. 이를 통해 사람들은 '자신이 토네이도를 겪지 않을 것이라는 잘못된 확신'을 얻는다. 그로 인해, 사람들은 여기서 그런 일이 일어난 적이 없다면, 앞으로도 절대 일어나지 않을 것이라고 믿게 된다.

기상학자가 생각하기에 대피소를 찾지 않은 사람들에게는 한 가지 공통점이 있었다. 그들은 토네이도로 인한 피해를 한 번도 입지 않은 집에서 살았다. 그들은 토네이도가 발생하기 쉬운 지역에 살았고, 많은 토네이도 경보를 들으며 살았지만, 2011년까지는 직접적인 타격을 면했다. 그들은 킴에게 자신들이 재난 위험에 면역력이 강하다며, 이렇게 설명을 했다. 예를 들어, 그들은 토네이도가 자신들이 사는 마을의 강을 건너온 적이 없었다고 주장했다. 아니면 토네이도가 항상 그들의 마을에 들어오기 전에 갈라져 버렸다고 설명했다. 아니면 토네이도가 항상 고속 도로를 따라다니거나, 토네이도가 오래된 인디언 매장지를 강타한 적이 없었다고 설명했다. 대도시의 서쪽에 사는 사람들은 동쪽의 사람들보다 더 많이 노출되었다고 느꼈다. 그들은 높은 건물이 자신들을 보호한다고 믿었다. 많은 사람이 언덕도 그런 역할을 한다고 믿는 것 같았다. "토네이도의 방향은 완전히 무작위입니다."라고 킴이 말했다. "토네이도의 방향을 조종하는 바람은 대기권 상층부에 있습니다. 그러나 사람들은 대기의 힘을 생각하지 않습니다. 그들은 땅 위에 있는 자신들의 위치를 생각합니다." 심리학자들은 오래전부터 사람들이 존재하지 않는 패턴을 믿는다는 것을 알고 있었다. 런던 대공습 The Blitz 당시, 런던 시민들은 폭탄이 도시에 무작위로 투하되었을 때 폭탄이 떨어진 위치로 독일 폭격기의 목표물을 추정할 수 있다고 느꼈다. 그리고 미국인들은 날씨에 대해 런던 시민들과 똑같은 실수를 했다.

곧 우리는 서쪽으로 차를 몰고 갔다. 킴과 나는 폭풍예측센터를 떠난 지 몇 분 후, 노먼에서 무어로 향하는 길에 쇼핑몰과 자동차 대리점을 지나갔다. 인간을 죽일 수 있는 자연재해에 대처하는 인간의 태도에 관한 또 다른 기이한 사례는 킴의 주장을 뒷받침했다. 노먼 사람들은 토네이도가 그들을 덮치지 않는다고 생각한다. 반면, 무어 사람들은 그들이 특히 토네이도에 치이기 쉽다고 믿는다. 파멸에 대한 무어의 예리한 감각은 1999년 5월 3일 토네이도가 고속 도로를 가로질러 마을을 관통했던 사건에서 비롯되었다. 그것은 폭이 1마일이고 풍속이 시속 302마일로, 지구상에서 기록된 것 중 가장 높은 등급의 토네이도였다. 이 사고로 36명이 숨졌으며, 전문가들이 지시한 대로 대피한 한 여성은 욕조에 누워 매트리스로 몸을 가렸지만 결국 숨졌다(차 한 대가 지붕을 뚫고 추락해 그녀를 짓눌렀다).

2013년 5월 20일, 또 다른 F5 등급의 토네이도가 무어를 강타했고, 학교 내 7명의 아이를 포함한 24명의 사람이 사망했다. 이 두 사건 사이에, 무어는 두 개의 F4 등급의 토네이도에 맞았고, 몇몇 작은 토네이도로 인해 산발적인 타격을 받았다. 2013년이 돼서야 무어는 토네이도를 끌어들이는 자석이라는 오명에서 벗어났다. "무어에 사는 사람들의 위험에 대한 인식은 노먼에 사는 사람들에 비해 약 두 배 정도 높습니다."라고 킴이 말했다. 무어는 오클라호마주에서 바람으로부터 주민을 보호하기 위한 건축 법규를 채택한 유일한 마을이었다. 심지어 자녀를 걱정하는 부모들을 위해 아이들을 폭풍 대피소가 있는 학교로 대피시킬 계획까지 짰다. "노먼의 사람들은 무어의 사람들에 비해 토네이도 주의보를 듣고도 대비를 시작할 가능성이 훨씬 낮습니다."라고 킴이 말했다. "노먼 사람들은 무어가 노먼보다 파괴될 가능성이 더 크다고 생각합니다. 그리고 이들은, 세계에서 토네이도의 위험에 대해 가장 많은 교육을 받은 사람들입니다. 놀랍게도, 노먼에는 수백 명의 기상학자가 살고 있습니다."

날씨의 미래를 알기 위해 가는 길은 직선이었고, 뜨거웠다. 한 시간 정도 운전하자 엘리노El Reno가 보였다. "당신은 여전히 토네이도의 흔적을 볼 수 있습니다."라고 킴은 말했다. "저 나무를 보세요." 2013년 무어 토네이도Moore tornado가 발생한 지 11일 후, 바로 이곳에서 또 다른 돌풍이 일어났다. 엘리노 토네이도El Reno tornado로 알려진 이 돌풍은 몇 분 안에 폭이 2.6마일에 달하는, 지금까지 발생한 토네이도 중 가장 폭이 넓은 토네이도가 되었다. 이것은 오클라호마 시티로 향했다. "거대한 토네이도는, 우주에서도 볼 수 있는 상처를 남깁니다."라고 킴이 말했다.

2011년 토네이도 이후 사람들의 관심을 끌었던 두 번째 아이디어는 사람들이 토네이도가 이동식 주택이나 자동차, 또는 단단하게 고정되지 않은 어떤 것에 부딪쳤을 때 무슨 일이 일어났는지를 인식하지 못한다는 것이다. 만약 기상청이 발령한 경보가 잠재적인 파괴력을 부각한다면, 사람들은 그것에 더 많은 관심을 기울일지도 몰랐다. 그래서 '영향 기반 경보'라는 새로운 경보가 발령되었지만, 이전과 비교했을 때 차이점이 뚜렷하게 나타나지 않았다. 기상청은 일반적으로 대중과 직접 소통하지는 않는다. 기상청은 지역 비상 관리자와 TV 기상학자들에게 토네이도 경보를 전달했고, 그들은 자기가 들은 것을 시민들에게 전달했다. 기상청은 사람들이 피난처를 찾지 않는다면 어떤 일이 일어날지 상상할 수 있도록 기상 정보를 방송하는 매체를 도왔다. "두 번째 아이디어는 사람들이 자신에게 들이닥칠 위험이 얼마나 나쁜지 모른다는 것에서 출발했습니다."라고 킴이 말했다. "만약 그들이 그것이 얼마나 나쁜지 안다면, 조치를 취했을 것입니다."

모든 것이 파괴될 것이다. 잘 지어진 많은 주택과 사업장은 뿌리째 뽑혀 사라질 것이고, 파편들이 대부분의 도로를 봉쇄할 것이다. 자신이 살던 지역을 생존자들이 알아볼 수 없을 정도로 모든 것이 파괴될 것이다.

이외에도, 나쁜 일은 더 일어날 수 있다.

오클라호마주의 날씨 뉴스 시장은 경쟁이 치열하다. 지역 TV 기상 캐스터들은 재난을 실제 상황보다 더 극적으로 만들어야 한다는 압박감을 느꼈다. "그들은 우리가 확신하기 며칠 전부터 최악의 시나리오에 빠져듭니다."라고 킴이 말했다. "정부 기관은 과대 선전에 대한 인센티브가 없습니다. 반면 민간 기업들은 과대 선전에 대한 인센티브를 얻죠. 과대 선전을 할 때 문제는, 아무도 그 정보의 출처를 모르기 때문에 **모든** 일기 예보에 대한 신뢰를 떨어뜨린다는 것입니다." 엘리노 토네이도 가 오클라호마 시티에 도달하기 약 30분 전, 마이크 모건Mike Morgan이라는 이름의 한 TV 기상 캐스터는 그의 시청자들에게 지하로 대피하지 않는 사람은 누구든 목숨이 경각에 달렸다고 말했다. 대부분의 주민은 대피할 수 있는 지하 장소가 없었다. 오클라호마주의 토양은 높은 지하수면 위에 떠 있는 모래 진흙 으로 이루어졌기 때문이었다. 사람들이 숨기 위해서는 반드시 구멍을 파야 하는 지역이지만, 동시에 땅을 파는 데 비용이 많 이 드는 지역이기도 했다. 자동차는 토네이도에 휘말렸을 때 최 악의 장소이지만, 그 기상 정보를 들은 수만 명의 오클라호마주 주민들은 무작정 차로 도망쳤다. 즉시 주(州)간 고속 도로의 남 행 차선이 주차장처럼 차로 가득 찼다. 엘리노 토네이도는 교통 이 마비된 이 거리를 덮쳤다.

그러고 나서 토네이도는 사라졌다. 운 좋게도 엘리노 토네이 도로 인해 8명만이 사망했고, 주민들 대부분은 이를 피해 도망 치는 데 성공했다. 일어나지 않은 일은 마땅히 받아야 할 만큼 의 주목을 받지 못한다. "만약 그 토네이도가 사라지지 않았다 면, 그리고 그것이 계속 진행되었더라면, 사망자의 추정치는 허리케인 카트리나 수준이었을 것입니다. 하마터면 정말로 최악의 재난이 될 뻔했습니다. 세계에서 가장 토네이도에 민감한 사람들이 사는 곳에서 말입니다. 정말 끔찍했습니다."

엘리노 토네이도는 그녀에게 있어 전환점이 되었다. "저는 이런 생각이 들었습니다. '왜 사람들을 이해하지 않고 사람들을 도울 수 있다고 생각했을까?'라고 그녀가 말했다. "우리가 접근한 방법은 위협에 대해 알리는 것입니다. 이제까지 우리는 위협을 받는 사람들을 고려하지 않았습니다." 그녀는 위협을 강조하는 경보는 부적절하다고 생각했다. 그 사실이 있고 난 뒤에야 비로소 그 힘을 알아챌 수 있는 폭풍의 파괴력에 대해 경보를 발령하는 게 가능할까? 그녀는 또한 토네이도가 그들에게 어떤 해를 끼칠 수 있는지 사람들이 이미 알고 있다고 확신했다. 앨라배마주와 미시시피주 주민들은 이미 토네이도의 위력이 어느 정도인지 알고 있었다. 조플린 주민들도 마찬가지였다. 그녀가 파악한 것처럼, 그들의 문제는 바로 상상력의 실패였다. 사람들은 다른 사람들을 덮친 모든 토네이도가 대신 자신을 덮칠 수도 있었다는 것을 결코 상상하지 못했다. 그런 그들에게 있어서, 토네이도 경보는 가짜뉴스나 다름없었다. 정부는 사람들이 뉴스를 현실로 느낄 수 있는 방법을 찾아야 했다.

그녀는 의회 펠로우쉽Congressional Fellowship을 위해 워싱턴 D.C.로 이사했고, 상무부를 감독하는 위원회 소속인 한 상원의원을 위해 일했다. "저는 국립해양대기국 내부에서 변화를 찾고 있었습니다."라고 그녀가 말했다. "변화를 위해서는 내부에 적임자가 있어야 합니다." 2014년 말에 그녀의 야망은 캐스린 설리번의 야망과 만났고, 국립해양대기국은 킴 클로코우를 이 기관의 최초이자 유일한 사회과학자로 고용했다. 그녀는 과학자들만 있던 국립해양대기국에서 사회과학자로서 일하게 되었다.

그녀는 그 직장에서 3년을 보냈다. 그녀는 연구 프로그램을 지휘하고 기상청을 통해 배운 것을 사람들에게 알릴 수 있는 사회과학 부서를 기관 안에 만들려고 했다. "우리의 과학에 있어 문제점은 그것이 새로운 것이라는 사실입니다."라고 그녀는 말했다. "그리고 우리는 사람을 죽지 않게 하는 방법을 아직 모릅니다. 우리는 어떤 사람이 그렇게 행동하도록 만든 이유에 관한 데이터를 확보해야 합니다. 결국, 기상 정보에 대응하는 인간에 대한 관찰이 필요합니다." 그녀는 약간의 성과를 이루었지만, 또한 좌절을 겪기도 했다. "우리가 회의 중일 때, 당시 아큐웨더의 CEO였던 배리 마이어스가 나타나서는 제가 현재 하는 일을 해서는 안 된다고 반대했습니다. 마케팅이기 때문이었죠. 하지만 엄밀히 말해서, 제가 하는 일은 마케팅이 아닙니다. 그것은 생명을 구하는 일입니다. 문제는 이겁니다. 아큐웨더의 이익을 방해하지 않고 우리가 이 공간에서 무엇을 할 수 있을까요?"

그리고 트럼프가 당선되었고, 그녀의 일을 방해했던 배리 마이어스를 국립해양대기국 국장으로 임명하려고 했다. 그녀는 어쨌든 오클라호마주로 돌아갈 계획이었지만, 기상청 전체를 바꾸는 것보다는 작게라도 시작하는 것이 낫다는 생각으로 일해 왔다. "저는 설리번 박사로부터 영감을 받았습니다. 그녀는 저에게 중요한 조직 변화를 이루기 위해 '작은 베팅'에 의존하라고 조언했습니다. 위에서부터 크고 갑작스러운 변화를 강요하려고 하지 말고요."

2017년 5월, 킴은 폭풍예측센터의 기상학자들이 텍사스주 팬핸들 지역에 폭풍우가 올 것이라고 예보한 지 불과 몇 주 만에 오클라호마대학의 한 사무실로 복귀했다. 그녀는 다른 기상학자와 함께 차로 서쪽으로 가서 날씨가 변하는 것을 관찰했다. "워싱턴 D.C.에 있을 때, 저는 방향 감각을 잃었습니다."라고 그녀는 말했다. "워싱턴 D.C.에서 이것은 실체가 있는 지식이 아니었습니다." 그녀는 텍사스주에서 폭풍을 발견하고는 차를 돌려서 오클라호마주까지 쫓아갔다. 한때 자신을 쫓던 폭풍에 겁먹던 어린 소녀는 이제 폭풍을 쫓는 여자로 성장했다. 오클라호마주에서 종종 일어났듯이 폭풍은 그것에 더 유리한 대기를 만났고, 그로 인해 더욱 커졌다. "저는 이걸 본 적이 있어요. 괴물이었지요."라고 그녀가 말했다. 그녀는 기상청이 토네이도 경보를 발령하는 것을 들었을 때 엘크 시티Elk City 외곽에 도착했고, 거기서 그녀는 멈추었다. "더는 폭풍을 쫓아 도시로 들어갈 수 없었습니다."라고 그녀가 말했다. "우리는 죽음과 파괴를 보려고 폭풍을 쫓아다녀서는 안 됩니다."

한참 동안, 그녀와 나는 체로키 트레이딩 포스트 & 부트 아웃렛Cherokee Trading Post & Boot Outlet을 지나 엘크 시티에 도착할 때까지 뜨겁고 평평한 길을 운전했다. 엘크 시티는 우리가 계속해서 향하던 곳이었다.

―――――

　로니 라이젠후버Lonnie Risenhoover는 40년 동안 이런저런 방법으로 베컴 카운티Beckham County의 응급 상황들을 관리해 왔다. 그는 카운티 전체의 비상 관리인이 되기 전에, 엘크 시티에서 소방관으로 일했다. 그곳에서 그는 태어나고 자랐다. 그의 증조할아버지는 오클라호마주가 심지어 주가 되기도 전인 19세기 말에 그곳으로 이주했고, 그 이후로도 그의 가족은 계속 그곳에 살고 있었다. 베컴 카운티 전체에는 엘크 시티의 절반에 해당하는 약 2만 5천 명이 살고 있었고, 로니는 주민 대부분을 알고 있었다. 그는 거의 모든 폭풍우를 다 봤지만, 베컴 카운티는 이제까지 운이 좋았다. "대부분의 토네이도는 정말 깡촌에서 일어납니다."라고 그는 말했다. "글쎄, 한번은 토네이도가 와서 조의 닭장이 날아가 버린 적이 있었죠." 그에게 있어 이제까지 일어났던 폭풍우는 한 가지 공통점이 있었는데, 바로 오클라호마 시티의 TV 뉴스 방송국에서 만들어 낸 폭풍우에 대한 히스테리였다. "만약 집 모퉁이에 고드름이 매달려 있다면, 우리는 '이봐, 집 모퉁이에 고드름이 걸려 있네.'라고 말하고 그것과 함께 살아갑니다!"

로니가 진지하게 받아들였던 정보는 기상청에서 직접 나온 것이었다(로니는 "만약 기상청이 TV 채널을 가지고 있다면, 모든 사람이 그것을 볼 것이 분명합니다."라고 말했다). 매일 아침 그는 기상청이 지역 비상 관리자와 통신하는 도구인 NWS 채팅을 확인했다. 2017년 5월 16일 아침, 로니가 그 이유에 대해 즉시 확인하지는 않았지만, 그는 평소와는 조금 다른 느낌을 받았다. 기상청에서는 폭풍이 팬핸들로부터 온다고 말했다. 이제까지, 폭풍은 항상 팬핸들로부터 오곤 했고, 토네이도 경보는 없었다.

하지만 토네이도는 단순한 겨울 폭풍과 같지 않았다. 기상청의 예측 모델은 토네이도가 발생하기 전에 예측할 수 있는 더 큰 기상 시스템을 갖추지 못했다. 기상청은 토네이도를 레이더나 탐지기 중 하나를 사용하여 확인한 후에야 토네이도 경보를 발령할 수 있었다. "제가 알아차린 것은 그들이 사용하는 표현 중 일부를 바꿨다는 것입니다."라고 로니는 말했다. "그들은 '토네이도 비상사태Tornado emergency'라고 말했습니다. 예전에는 '토네이도 경보Tornado warning'라고 말했죠."

그는 평소보다 더 걱정스러운 마음으로 채팅을 껐다. 그는 이번 폭풍이 문제가 될 수도 있다고 생각했다.

엘크 시티 소방서에는 토네이도 관측자가 몇 명 있었지만, 그들은 그저 고정된 지점에서만 토네이도를 관측했다. 도시에는 사각지대가 있었다. 로니는 "베컴 카운티 서부 지역에는 폭풍우 관측자가 많지 않습니다."라고 말했다. "저희는 기본적으로 1인 상점과 비슷합니다. 그래서 제 차 안에서 해야 할 모든 일을 할 수 있습니다." 그의 트럭은 너무 많은 장비를 갖추고 있어서, 그 것에 대한 설명이 끝나지 않을까 봐 무엇인지 물어보기 싫을 정 도였다. 그의 트럭에서 그는 풍속을 측정하고, 레이더를 볼 수 있었으며, 그의 전화기가 고장 났더라도 기상청과 연락을 취할 수 있었다. 그는 트럭에 올라타서 서쪽으로 차를 몰았다. 가능한 한 많은 지표면을 볼 수 있는 장소를 찾기 위해서였다.

만약 당신이 그냥 이곳을 지나가고 있었다면, 베컴 카운티를 기본적으로 평평하다고 생각했을 것이다. 갈색빛이 도는 노란 밀밭과 목초지가 눈이 닿는 곳까지 수평으로 펼쳐져 있다. 그 러나 40년 동안 폭풍우를 쫓는 일을 하면서, 로니는 지형의 모 든 작은 굴곡을 알게 되었다. 20분 만에 그는 카운티에서 가장 높은 지대에 도착해 남서쪽을 향해 차를 세웠다. 폭풍예보센터 의 기상학자들은 토네이도에 휩쓸리지 않도록 뒤에서 쫓아간 다. 로니는 그냥 앉아서 토네이도가 자신에게 오기를 기다렸다. "제 아내가 저와 함께 가곤 했습니다."라고 그가 말했다. "지금 은 아내와 함께하지 않아요. '당신이 하는 일은 너무 무서워요.' 라고 말하더군요."

그리고 그는 토네이도를 보았다. 아니면 그렇지 않았을 수도 있다. "저는 깔때기 모양을 보았습니다."라고 그가 말했다. "하지

만 저는 풀이나 다른 눈에 띄는 무언가를 보기 전까지는 그것
을 토네이도라고 부르지 않을 작정이었죠." 그가 보고 있던 것
은 몇 분 후에 사라졌다. 그는 그것이 자신을 향해 얼마나 빨
리 이동하는지, 얼마나 멀리 떨어져 있는지 알 수 없었다. 그는
불필요하게 토네이도 경보를 발령하고 싶지 않았다. 만약 그가
그렇게 한다면, 사람들은 다음번 경보를 믿지 않을 수도 있었
다. 동시에, 그가 당시 기상청으로부터 듣고 있는 정보는 평소
와 사뭇 달랐다. 그들은 토네이도를 본 적이 없었지만 거의 그
랬던 것처럼 행동하고 있었다. "저는 계속해서 정보를 얻었습
니다."라고 그가 말했다. "그들은 저에게 많은 정보를 주고 있
었습니다. 그리고 저는 '이것은 정말, 정말로 최악일 거야.'라고
생각했습니다."

　그는 혼자, 완전히 노출되었다. 토네이도가 감춰져 있을 수
도 있고, 없을 수도 있는 거대한 폭풍 속에서였다. 그는 트럭을
빠르게 몰았다. 그는 곧장 엘크 시티로 돌아가는 대신에 폭풍의
폭을 따라 남쪽으로 차를 몰았다. 그는 운전하면서 자신이 보
고 있는 것을 기상청에 보고했고, 기상청은 그에게 토네이도에
관한 정보를 전달했다. 그의 트럭 위에 있는 풍속계는 바람이
폭풍 속으로 빨려 들어가는 속도를 기록했다. 시속 79마일이나
되었다. 기상청은 그에게 야구공보다 더 큰 우박이 내렸다고 말
했다. 빗방울이 쏟아지는 비포장도로를 따라 시속 80마일로 달
리면서, 그는 무엇을 해야 할지 생각하고 있었다. '잠깐, 지금 본

것을 더 확실하게 확인할까? 아니면 기상청에 전화해서 마을에 토네이도 경보를 발령해야 할까?' "저는 차 안에 앉아서 어떻게 할지 결정을 내려야 했습니다."라고 그가 말했다. "그리고 저는 이렇게 생각했죠. '누가 내 말에 이의를 제기할까?' 그래서 저는 기상청에 전화했습니다."

그는 갑자기 송전선이 끊기는 놀라운 광경을 목격했다. 그것을 붙잡았던 기둥이 마치 그것이 원래 없었던 것처럼 사라졌다. 토네이도가 그가 달리는 길을 건너서, 그가 눈치채지 못한 사이 그의 앞에서 솟아올랐다. 그는 폭풍이 자신을 쫓고 있다고 생각했는데, 지금 보니, 분명히 그가 폭풍을 쫓고 있었다. 그러고 나서 그는 토네이도를 보았지만, 그가 무엇을 보고 있는지 깨닫는 데 잠시 시간이 걸렸다. 확실히, 영화 속의 토네이도 같진 않았다. "구름이 땅 위에 있는 것처럼 보였습니다."라고 그가 말했다. "그것은 폭이 1,000야드 정도 되었습니다."

그 후 20분 동안 그는 토네이도의 경로를 따라갔다. 죽은 소들이 사방에 널려 있었고, 산산조각이 난 참나무가 즐비했다. 스쿨버스가 뒤틀린 금속 더미로 변했다. 차들이 연못에 거꾸로 차곡차곡 쌓여 있었다. 그는 그 풍경에서 무엇이 없어졌는지 말할 수 있을 만큼 그곳을 잘 알고 있었다―큰 나무, 전신주, 이동식 주택. "아마도 '옛날에는 저기 집이 있었습니다.'라고 말할 수 있겠죠."라고 그가 말했다. 그가 지나온 한 집은 부분적으로만 파괴되었다. 마치 어떤 거인이 그것을 해부하려고 한 것처럼 보였는데, 집 앞부분이 무너져서 그는 텔레비전이 놓인 방을 지나가는 내내 볼 수 있었다. 집 바로 옆에 있던 크고 빨간 헛간은 흔적도 없이 사라졌다. 그 집은 핀리Finley 할머니가 홀로 사는 집이었다. 로니의 일은 긴급 구조가 아니었다. 그는 폭풍우를 관찰하는 눈의 역할을 해야 했지만, 할머니가 무사한지 확인하기 위해 멈추었다. 그가 폐허를 뒤지는 동안, 트럭 한 대가 나타났다. "핀리 할머니의 아들이었어요."라고 로니가 말했다. "그는 그녀가 마을 보호소로 대피했다고 말해주었습니다."

만약 당신이 구름을 쫓고 있다면, 얼마나 빨리 달려야 하는지에 대해 의문이 들 것이다. 로니는 토네이도와 엇비슷한 속도로 차를 몰았다. 곧 그는 토네이도로 모조리 파괴된 신축 주택 단지를 바라보고 있는 자신을 발견했다. "저는 이 집들을 살펴보았는데, 제게 보이는 것은 단지 골조뿐이었습니다."라고 그가 말했다. 잔해가 그의 트럭 주위에서 부서져 있었다. 그는 위를 올려다보았고, 커다란 주석 조각이 떨어지는 것을 보았다. "하늘에서 큰 물건이 떨어지더군요."라고 그가 말했다. "더는 갈 수 없었습니다."

계속해서 그의 전화벨이 울렸다. 웨더채널, CNN, MSNBC 등, 이 모든 방송국에서 무슨 일이 일어났는지 알기 위해 그에게 전화했다. 사실은, 그는 이 사실을 몰랐고, 왜 그랬는지 알아내는 데 시간이 좀 걸렸다. 이후 토네이도로 인해 엘크 시티에 있는 2백여 채의 주택과 38개 사업장이 파괴된 것으로 밝혀졌다. 많은 재산이 손실되었다. 그리고 그는 사람들이 대부분 위험을 피했다는 사실에 놀랐다. 카렌 스나이더Karen Snyder는 그녀의 고양이들과 헤어지기를 거부했지만 놀랍게도 그녀는 폐허가 된 자신의 집에서 무사히 발견되었다. 물론 그렇지 않은 사람도 있었다. 진 미클스Gene Mikles는 보안관에게 전화를 걸어 은신처를 찾아야 하는지 물어봤고, 대피소로 향하기 시작했으나 전화기를 가지러 다시 집으로 돌아갔다. 결국 그는 집 밖에서 죽은 채로 발견되었다. "한 명의 사망자와 여덟 명의 타박상 환자가 발생했습니다."라고 로니는 말했다. "제가 생각하기에, 주민들은 이번 토네이도 경보에 귀를 기울였습니다." 마을 대피소가 너무 붐벼서, 미처 들어가지 못한 다른 사람들을 소방서 지하실로 안내해야 할 정도였다.

2017년 5월 16일 아침, 폭풍예측센터의 연구 팀이 순전히 우연한 기회에 새로운 토네이도 모델을 시험하고 있었다. 그들이 대기 조건에 대해 그들이 설정한 가정을 변화시킨 후에도, 그 모델에 의하면 토네이도가 발생했다. 그 이미지들은 분명하고 일관성이 있었다. 나중에 연구원들은 마치 실제 세계에서 폭풍우를 본 것 같았다고 말했다. 일기예보에 종사하는 모든 사람은 이것이 미래를 예측했다고 믿었다. 이론적으로는 그것이 발생하기 전에 예측할 수 있는 능력이었으며, 좀 더 정확하게 말하자면 그것을 볼 수 있기 전에 그것을 정확하게 상상하는 능력이었다. 이제 그것이 실제로 일어나고 있었다. 연구원들은 기상청에 근무 중인 기상학자에게 알렸고, 기상학자는 토네이도 경보를 발령했다. 이것은 엄밀히 따지면 토네이도 경보는 아니었지만, 토네이도 경보가 내려질 가능성이 매우 크다는 경보였다. 이 경보는 로니가 하지 않았을 행동을 하도록 유도했다. 그것은 그에게 폭풍이 그를 덮칠지도 모른다는 위협이 진짜라고 느끼게 했다. 그 느낌 때문에 그는 다른 경우보다 몇 분 일찍 토네이도 경보를 발령했다. "제가 가장 흥분했던 것은, 30분 정도 일찍 사이렌을 울릴 수 있었다는 것입니다."라고 그가 말했다.

로니 라이젠후버는 폭풍예측센터 안에서 일어난 일에 대해 아무것도 몰랐다. "그 모델은 프로토 타입이었습니다."라고 그는 말했다. "기상청에서 처음으로 사용한 모델이었습니다. 저는 그 사실을 몰랐습니다." 하지만 그는 기상청 직원에게 들은 정보가 평소 듣던 것과 다르다는 것을 알고 있었다. 그들은 사실상 그에게 확률을 더 명확하게 이해시켰다. 그들은 킴 클로코우가 주장한 것을 따랐다. '토네이도가 그들을 강타할 경우, 그들에게 어떤 영향을 미칠지 사람들에게 말하지 마십시오. 대신, 이 위협이 진짜라고 설득하십시오.' "오클라호마주 사람들은 언론을 신용할 것입니다."라고 로니가 말했다. "그곳에서 정보를 얻고 있기 때문입니다. 하지만 그들은 누구보다도 기상청을 믿어야 합니다. 물론, 기상청은 그들의 예보를 믿으라고 하지 않습니다. 기상청은 '우리는 단지 맡은 일을 하고 있을 뿐입니다.'라고 말합니다. 하지만 기상청이 없으면, 우리는 어떻게 대처해야 할지 모를 겁니다."

어느 날 저녁 식사 때, 나는 킴 클로코우와 그녀의 친구 행크 젠킨스-스미스, 오클라호마대학의 위험 및 위기관리 센터의 공동 책임자인 캐롤 실바Carol Silva와 함께 게임을 했다. 그들은 위험에 대한 사람들의 반응을 연구하는 데 평생을 바쳤다. 나는 누가, 그리고 무엇이 토네이도에서 살아남을 수 있을지 궁금했다. 예를 들어, 당신이 나무라면, 버드나무는 잘 구부러지기 때문에, 참나무보다는 버드나무가 되는 것이 훨씬 낫다. 위험 전문가들은 모두 소보다는 말에, 고양이보다는 개에게 돈을 걸겠다고 동의했다("개는 고양이보다 복종할 가능성이 더 큽니다"). 이윽고, 우리가 인간이라는 더 복잡한 문제에 눈을 돌렸을 때 그들은 그전보다 좀 더 신중하게 답변했다. 그들은 정직한 학자들이었기 때문에, 일반화를 꺼렸다. "사람들이 다른 유형의 위험을 잘 관리한다고 해서 반드시 특정 위험을 완벽하게 관리한다는 것은 아닙니다."라고 캐롤이 말했다. "사람들은 어떤 유형의 위험은 죽을 만큼 두려워하지만, 다른 것에 대해서는 심드렁합니다."

계속해서 그들은 가상의 생존 게임을 했다. 그들은 모두 가난한 사람보다 부유한 사람에게 돈을 거는 것에 동의했다("이동식 주택에 사는 사람들은 죽을 확률이 30배 더 높습니다"). 공공 폭풍 대피소에서는 동물 출입이 허용되지 않기 때문에, 그들은 반려동물 주인보다 부모를 우선시할 것이다("반려동물이 당신을 죽일 겁니다"). 그들은 약간의 논쟁을 벌였지만, 마침내 남성들이 더 위험을 무릅쓰는 경향이 강하므로 남성보다 여성의 생존 확률이 더 높다고 결론 내렸다. "남자들은 밖으로 나가 주위를 둘러봅니다."라고 캐롤이 말했다. "유튜브의 토네이도 비디오에서 이런 장면을 볼 수 있죠. 아내가 머리를 문밖으로 내밀고는 남편에게 '여보, 얼른 들어와!'라고 소리치죠." 마침내, 내가 물었다. "진보주의자가 살아남을까요, 보수주의자가 살아남을까요?" 베컴 카운티의 83.5%가 도널드 트럼프에게 투표했다. 토네이도에서 살아남는 그들의 능력에 대해 뭐라고 말할 수 있을까? 행크는 진보주의자는 정부의 경보 발령을 신뢰한다는 장점이 있지만, 보수주의자도 유리한 면이 있다고 말했다. 결국 그들은 그 사람이 어떤 보수주의자냐에 달려 있다고 판단했다. 만약 그가 급진적인 개인주의자라면, 그는 위험에 처할 수 있다. 또는 진보주의자가 살아남는다고 내기할 수도 있지만, 만약 보수주의자가 강력한 소셜 네트워크(예를 들어, 교회)에 소속되어 있다면, 그 사람은 너무 늦기 전에 자신이 들은 토네이도 경보를 믿을지도 모른다. "결국 당신에게 필요한 것은 신뢰할 수 있는 정보원, 즉 정부를 신뢰하는 네트워크에 속한 한 사람입니다."라고 행크가 말했다. 당신이 만약 위험에 처한다면, 바로 로니 라이젠후버와 같은 사람이 필요하다.

나는 생존자 게임에서 마지막 질문을 생각했지만, 그들에게 그것에 관해 물어볼 기회는 없었다. 토네이도를 경험해 본 사람과 그렇지 않은 사람 중, 누가 토네이도에서 살아남을 가능성이 더 클까? 그리고 그 이유는? 경험의 이점은 어느 정도 명백하며, 경험이 부족할 때 단점은 분명히 있다. 하지만 그보다 더 중요한 요소가 있을 수도 있다. 살다 보면 온갖 일이 다 생길 수 있다. 순전히 우연의 일치로, 많은 사람 중 몇 명만이 위험에 빠진다. 이 작은 부분 집합이 쌓이면서, 당신이 세상을 보는 관점을 형성한다. 만약 토네이도가 당신이 사는 마을을 강타한 적이 없다면, 당신은 결코 토네이도를 겪지 않으리라고 생각할 것이다. 어쩌면 당신은 토네이도를 겪게 된다면 자신이 어떤 실수를 하게 될지 상상해 보려고 노력할지도 모른다. 그러나 상상이 현실로 일어난다면 그것은 어떻게든 당신을 놀라게 할 것이다.

엘크 시티에 토네이도가 지나가고 몇 주 후, 로니 라이젠후버는 여러 정부 관계자들과 함께 피해 상황을 둘러보았다. 연방재난관리청에서 온 한 남자가 누가 재난구호 대상자인지 확인하러 왔다. 그 남자를 엘크 시티로 데리고 가는 길에, 로니는 핀리 할머니를 발견했다. 그녀의 집은 폐허가 되었고 헛간은 없어졌다. 확실히 그녀는 구제받을 자격이 있었다. 로니가 멈춰서 연방재난관리청 직원과 그녀가 얘기를 나누도록 했다. 핀리 할머니는 "저는 지난 10년 동안 토네이도가 와서 헛간을 쓸어버리기를 기도했죠. 하지만 집까지 같이 쓸어버릴 줄은 몰랐어요."라고 말했다. 그녀는 자신의 추리가 자명하다고 생각하는 것 같았다. 연방재난관리청 직원은 이 말을 이해하지 못했다. 왜 그녀는 토네이도가 자신의 헛간을 쓸어버리기를 기

도하고 있었을까? "진입로에서 차를 뺄 때마다 전 늘 빨간 헛
간을 봐야 했어요."라고 그녀가 말했다. "그리고 진입로에 들어
올 때마다 빨간 헛간을 보았지요." 그때 로니는 연방재난관리
청 직원에게 떠날 준비가 되었는지 물었다. 그는 준비가 덜 되
었다. 그는 여전히 어리둥절한 상태였다. 왜 이 할머니는 그녀
의 빨간 헛간을 보는 것을 싫어했다고 말하는 걸까? "그 헛간
은 제 남편이 10년 전에 자살한 곳이에요."라고 핀리 할머니
가 말했다.

휘몰아치는 바람이 되었든, 소용돌이치는 정치인이 되었든,
토네이도에 맞서기 위해 기도할 만한 이유는 충분히 있다. 당
신은 자신이 겪을 피해를 상상하겠지만, 그 이상은 하지 않을
것이다. 그리고 결국 당신이 상상하지 못한 것이 당신의 목숨
을 앗아 갈 것이다.

감사의 말

이 책의 두 번째 장을 마무리 지을 수 있도록 도와준 그레이돈 카터Graydon Carter에게 감사의 말을 전하고 싶다. 그레이돈은 지난 10여 년 동안 잡지 〈배너티 페어Vanity Fair〉를 훌륭하게 이끌어 왔다. 내가 미국 정부에 흥미를 느끼는 점에 대해 나와 마찬가지로 관심을 가지고 그것에 관한 책을 읽기 원하는 사람이 있으리라고는 전혀 생각해 본 적이 없다. 하지만 지난 10년 동안 잡지 편집자로 나와 일했던 더그 스텀프Doug Stumpf는 사람들이 미국 역사상 가장 이상한 이 순간에 대해 내가 연구한 것을 읽기 원할 거라며 나를 설득했다. 글감이 어느덧 책으로 완성되었고, 예상보다 더 많은 관심을 받게 되면서, 이제 나는 안도한다. 그리고 나를 실제 내 실력보다 훨씬 더 나은 작가로 만들어 준 자넷 번Janet Byrne에게도 다시 한번 감사의 말을 전한다. 또한, 내가 책을 쓰기 시작한 이후 지금까지 내 책을 편집해 주고 있는 스타링 로렌스Starling Lawrence가 없었더라면 과연

나 혼자 무엇을 할 수 있었을지 모르겠다. 팟캐스트나 하고 있

지 않았을까?

옮긴이
권은하

미국 UCLA에서 정치학을 공부하고 유엔(UN), 국제원자력기구(IAEA) 등에서 인턴 생활을 거친 후 귀국하여 국가출연연구소에서 십수 년 근무했다. 현재는 바른번역 소속 전문 번역가로 활동 중이다. 번역 또한 문학의 한 장르라는 생각으로 전문가로서 자부심을 가지고 좋은 책을 번역하여 국내외 저자와 독자 사이의 소통을 돕고자 한다. 옮긴 책으로는 《시진핑의 중국몽》 등이 있다.

다섯 번째 위험

초판 1쇄 인쇄 2021년 9월 14일
초판 1쇄 발행 2021년 9월 27일

지은이   마이클 루이스
옮긴이   권은하
발행인   고석현

편집   정연주
디자인   김애리
마케팅   정완교, 소재범, 고보미

발행처   (주)한올엠앤씨
등록   2011년 5월 14일

주소   경기도 파주시 심학산로 12, 4층
전화   031-839-6804(마케팅), 031-839-6817(편집)
팩스   031-839-6828
이메일   booksonwed@gmail.com

* 비즈니스맵, 책읽는수요일, 라이프맵, 생각연구소, 지식갤러리, 스타일북스는
  ㈜한올엠앤씨의 브랜드입니다.